Lernsituationen

W plus V

Schwerpunkt
Wirtschaft & Verwaltung

Fachoberschule Wirtschaft Hessen
Fachoberschule und
Höhere Berufsfachschule Rheinland-Pfalz

11

Hans-Peter von den Bergen
Kai Franke
Alexander Rauch
u. a.

in Zusammenarbeit
mit der Verlagsredaktion

Cornelsen

Dieses Buch wurde erstellt unter Verwendung von Materialien von: Hans-Peter von den Bergen, Volker Brettschneider, Roland Budde, Norbert Damke, Oliver Dillmann, Peter Engelhardt, Markus Fleitmann, Christian Fritz, Marita Herrmann, Markus Hillebrand, Ariane Hoffmann, Hans-Peter Hrdina, Franz-Josef Kaiser, Ludger Katt, Antje Kost, Antje Licht, Claudia Lang, Ute Morgenstern, Klaus Otte, Michael Piek, Roswitha Pütz, Dorothe Redeker, Ekkard Schenkewitz, Dr. Volkmar Schmechel, Heike Scholz, Alfons Steffes-lai, Insa Wenke, Ralf Wimmers, Carsten Zehm.

Wir weisen darauf hin, dass die im Lehrwerk genannten Unternehmen und Geschäftsvorgänge frei erfunden sind. Ähnlichkeiten mit real existierenden Unternehmen lassen keine Rückschlüsse auf diese zu. Dies gilt auch für die im Lehrwerk genannten Kreditinstitute, Bankleitzahlen und Buchungsvorgänge. Ausschließlich zum Zwecke der Authentizität wurden insoweit existierende Kreditinstitute und Bankleitzahlen verwendet.

Verlagsredaktion:	Peter Sander
Bildredaktion:	Gertha Maly; Christina Scheuerer, Rohrbach
Außenredaktion:	Veronika Kühn, Köln
Layout und Umschlaggestaltung:	sign, Berlin
Technische Umsetzung:	vitaledesign, Berlin
Titelfoto:	Shutterstock / Andresr

Bildquellenverzeichnis

S. 4: Fotolia / industrieblick; **S. 8.1 – 4:** Anima Berten; **S. 22:** Joachim Gottwald; **S. 27:** Anima Berten; **S. 29:** Statista; **S. 33:** Shutterstock / Julija Miova; **S. 39:** Fotolia / Jacob Lund; **S. 47.1:** Fotolia / Franco Nadalin; **S. 64:** Joachim Gottwald; **S. 87:** Joachim Gottwald; **S. 88.1:** © Statista 2016; **S. 88.2:** relatio PR GmbH, München; **S. 88.3:** Handelsverband Deutschland – HDE e. V., Berlin; **S. 88.4:** relatio PR GmbH, München; **S. 88.5+6:** Mastercard Representative Office Frankfurt; **S. 88.7:** EUFISERV Payments s.c.r.l., Brüssel; **S. 90:** Joachim Gottwald; **S. 141.1+2:** Global Blue Deutschland GmbH, Düsseldorf; **S. 144:** Fotolia / goodluz; **S. 155:** imago / Westend61; **S. 164.1:** akg-images / De Agostini Picture Library; **S. 164.2:** picture-alliance / dpa; **S. 168:** Fotolia / autofocus67; **S. 177:** shutterstock

www.cornelsen.de/cbb

1. Auflage, 1. Druck 2017

Alle Drucke dieser Auflage sind inhaltlich unverändert und können im Unterricht nebeneinander verwendet werden.

Druck: H. Heenemann, Berlin

ISBN 978-3-06-451263-4

PEFC zertifiziert
Dieses Produkt stammt aus nachhaltig bewirtschafteten Wäldern und kontrollierten Quellen.
www.pefc.de
PEFC/04-31-1156

Inhaltsverzeichnis

Hinweis: Zusätzliche Materialien und Korrekturseiten zu den „Lernsituationen 11" stellen wir Ihnen im Internet als Download zur Verfügung. Geben Sie in Ihrem Internetbrowser www.cornelsen.de ein. Wählen Sie im Feld rechts oben die Option „Webcode" und geben Sie dann den folgenden Code ein:

451261-0_W+V_Fachkunde

Eine Betriebserkundung: Die Fly Bike Werke GmbH

1 Unternehmensportrait

Jan Ullmann und Björn Ries, die Gesellschafter der Fly Bike Werke GmbH, sind seit frühester Jugend befreundet und hatten immer ein gemeinsames Hobby, das Radrennfahren. Die Väter der beiden Amateur-Rennfahrer waren schon frühzeitig im Fahrradmarkt ambitioniert. Dirk Ries, Vater von Björn Ries, betrieb in Oldenburg einen Fahrradeinzelhandel, wobei Rennräder für den Amateurbereich einen Schwerpunkt in seinem Sortiment darstellten. Klaus Ullmann, Vater von Jan Ullmann, produzierte in Oldenburg Standardfahrradrahmen aus Stahl für die Fahrradindustrie.

1967 übernahm Jan Ullmann von seinem Vater das Unternehmen Fahrrad Ullmann. 1982 gründete Jan Ullmann die Fly Bike Werke GmbH (als so genannte Ein-Mann-GmbH). Die Aufgaben eines Geschäftsführers übertrug er an den ebenfalls radsportbegeisterten Werner Klaussen, der zum Jahresende 2000 aus Altersgründen aus dem Unternehmen ausschied und dem Hans Peters nachfolgte. Hauptziel der Fly Bike Werke GmbH ist und waren immer die Produktion und der Absatz von hochwertigen, langlebigen Fahrrädern mit Gewinn.

Der Zwang zu modernen Fertigungsmethoden und die damit verbundenen Investitionen erhöhten den Kapitalbedarf zum Ende des ausgehenden Jahrhunderts erheblich. Da traf es sich gut, dass Jan Ullmann seinen alten Freund Björn Ries bei einem Radrennen traf und von seinen Sorgen erzählte. Der aufgrund eines erfolgreichen Berufslebens vermögende Björn Ries war spontan bereit, sich an der Fly Bike Werke GmbH zu beteiligen, und trat Anfang 2001 als weiterer Gesellschafter in die GmbH ein. Basis für die Geschäftstätigkeit der Fly Bike Werke GmbH ist der Gesellschaftsvertrag ab Seite 6.

Modellunternehmen Fly Bike Werke GmbH		
Rechtsform und Unternehmensgröße, Handelsregistereintrag	Gesellschaft mit beschränkter Haftung (GmbH) Kleine Kapitalgesellschaft gem. § 267 HGB Oldenburg HRB 2134	
Gesellschafter und Geschäftsanteile	Herr Jan Ullmann 200.000,00 €	Herr Björn Ries 100.000,00 €
Geschäftsführer	Herr Hans Peters	
Geschäftsjahr	Kalenderjahr (01.01. bis 31.12.)	
Umsatz Berichtsjahr	Ca. 6,9 Mio. €	
Bankverbindungen	– Deutsche Bank AG Oldenburg, BLZ 280 700 57, Konto-Nr. 2 114 253 666 IBAN: DE68 2807 0057 2114 2536 66 BIC: DEUTDEHB280 – Landessparkasse zu Oldenburg, BLZ 280 501 00, Konto-Nr. 112 326 444 IBAN: DE86 2805 0100 0112 3264 44 BIC: BRLADE21LZ0	
Kontakt	Post- und Lieferadresse: Rostocker Str. 334, 26121 Oldenburg Telefon 0441 885-0 Telefax 0441 885-9211 Internet: www.flybike-werke.de E-Mail: info@flybike-werke.de	
Absatzprogramm	Produktionsprogramm	Fahrräder: City-Räder, Mountainbikes, Rennräder, Jugendräder, Trekkingräder
	Handelswaren	Fahrradbekleidung, Fahrradzubehör, Fahrradanhänger
	Dienstleistungen	Vermittlung von Fahrradreisen
Stoffe, Vorprodukte, Fremdbauteile (Beispiele)	Rohstoffe	Rohre und Bleche aus Stahl und Aluminium
	Hilfsstoffe	Farben und Grundierungen, Schrauben und Kleinteile
	Betriebsstoffe	Strom, Gas, Wasser, Heizöl, Schmierstoffe
	Vorprodukte, Fremdbauteile	Räder, Beleuchtung, Sättel, Spezialrahmen, Federgabeln
Fertigungstypen und Fertigungsarten	– Fließ- bzw. Gruppenfertigung – Werkstattfertigung (Rennräder-Profi) – Serienfertigung – Einzelfertigung (Rennräder-Profi)	
Technische Anlagen und Maschinen (Beispiele)	Universalroboter, Rohrschneideanlage, Rahmenrichtmaschine, Schleifmaschine, Schweißmaschine, Montagebänder, Verpackungsanlage, Lackierautomaten	
Mitarbeiter	12 Arbeiter, 26 Angestellte, 2 Auszubildende	
Kunden	Großhändler, Filialisten, Cash-and-Carry-Märkte im Inland, Großhändler im Ausland	
Lieferanten	Industriebetriebe und Spezialgroßhändler im In- und Ausland	
Verbände	Oldenburgische Industrie- und Handelskammer, Oldenburg (Pflichtmitgliedschaft); NORDMETALL e. V., Hamburg, Geschäftsstelle Oldenburg, Bezirksgruppe Nordwest (Arbeitgeberverband)	
Betriebsnummer für die Sozialversicherung	26 550 966	
Steuer-Nr. USt-Id.-Nr.	112/8870/0057 DE 236667691	

2 Gesellschaftsvertrag

- Gesellschaftsvertrag -

§ 1 Firma und Sitz der Gesellschaft
(1) Die Firma der Gesellschaft lautet:
Fly Bike Werke Gesellschaft mit beschränkter Haftung
(2) Sitz der Gesellschaft ist Oldenburg.

§ 2 Gegenstand des Unternehmens
Gegenstand des Unternehmens ist die Herstellung und der Handel mit Fahrrädern, Fahrradteilen, Fahrradzubehör und Dienstleistungen im Fahrradmarkt. Die Gesellschaft darf andere Unternehmen gleicher oder ähnlicher Art übernehmen, vertreten und sich an solchen beteiligen; sie darf auch Zweigniederlassungen errichten.

§ 3 Stammkapital und Stammeinlage
(1) Das Stammkapital der Gesellschaft beträgt 350.000,00 DM (in Worten: dreihundertfünfzigtausend Deutsche Mark).
(2) Der alleinige Gesellschafter, Herr Jan Ullmann, Oldenburg, leistet seine Einlage, indem er alle Vermögenswerte der Einzelunternehmung Fahrrad Ullmann in die Gesellschaft einbringt.

§ 4 Dauer der Gesellschaft, Geschäftsjahr
(1) Die Gesellschaft wird auf unbestimmte Zeit errichtet.
(2) Geschäftsjahr ist das Kalenderjahr.

§ 5 Geschäftsführung und Vertretung
(1) Die Gesellschaft hat einen oder mehrere Geschäftsführer. Sind mehrere Geschäftsführer bestellt, so wird die Gesellschaft durch je zwei Geschäftsführer gemeinschaftlich vertreten.
(2) Zum Geschäftsführer wird bestellt: Herr Werner Klaussen. Er ist von den Beschränkungen des § 181 BGB befreit.

§ 6 Jahresabschluss
Innerhalb der ersten drei Monate nach Abschluss eines Geschäftsjahres hat die Geschäftsführung den Jahresabschluss und den Lagebericht aufzustellen und zusammen mit einem Vorschlag zur Ergebnisverwendung dem Gesellschafter vorzulegen. Der Jahresabschluss ist nach den gesetzlichen Vorschriften zu erstellen.

§ 7 Bekanntmachungen
Bekanntmachungen der Gesellschaft werden im Bundesanzeiger veröffentlicht.

Oldenburg, 15. Februar 1982

Jan Ullmann

Änderungen des Gesellschaftsvertrages § 3 (1)
durch Gesellschafterbeschluss am 20.05.2000
Das Stammkapital der Gesellschaft wird auf 200.000,00 € (in Worten zweihunderttausend Euro) erhöht. Die ausstehende Einlage ist zum offiziellen Umrechnungskurs von 1,95583 DM je Euro bis zum 31.12.2000 auf das Konto der Gesellschaft durch den Gesellschafter Jan Ullmann, Oldenburg, einzuzahlen.

Oldenburg, 20. Mai 2000

Jan Ullmann

Änderungen des Gesellschaftsvertrages §3 (1) durch Gesellschafterbeschluss am 15.12.2000:

(1) Zu Beginn des Geschäftsjahres 2001 tritt Herr Björn Ries in die GmbH ein. Der Gesellschafter Ries leistet eine Einlage von 100.000,00 € (in Worten einhunderttausend Euro). Das gezeichnete Kapital erhöht sich auf 300.000,00 €
(in Worten dreihunderttausend Euro). Davon übernehmen:

a) Herr Jan Ullmann, Oldenburg, 200.000,00 €.
b) Herr Björn Ries, Oldenburg, 100.000,00 €.
c) Herr Björn Ries leistet eine Kapitalrücklage in Höhe von 100.000,00 € für die erbrachten Vorleistungen von Herrn Jan Ullmann (Know-how, Firmenimage).

Ergänzung des Gesellschaftsvertrages um §3 (3) durch Gesellschafterbeschluss am 15.12.2000:

(3) Der Gesellschafter Björn Ries, Oldenburg, leistet seine Einlage in Geld. Seine Stammeinlage und die vereinbarte Kapitalrücklage sind zu Beginn des Geschäftsjahres 2001 zur freien Verfügung der Gesellschaft auf das Konto der Gesellschaft einzuzahlen.

Ergänzung des Gesellschaftsvertrages um §4 (3) durch Gesellschafterbeschluss am 15.12.2000:

(3) Jedem Gesellschafter steht ein Kündigungsrecht mit einjähriger Frist zum Jahresende zu.

Änderung des Gesellschaftsvertrages §6 Jahresabschluss durch Gesellschafterbeschluss am 15.12.2000:

Innerhalb der ersten drei Monate nach Abschluss eines Geschäftsjahres hat die Geschäftsführung den Jahresabschluss und den Lagebericht aufzustellen und zusammen mit einem Vorschlag zur Ergebnisverwendung der Gesellschafterversammlung vorzulegen. Der Jahresabschluss ist nach den gesetzlichen Vorschriften zu erstellen.

Ergänzung des Gesellschaftsvertrages um §8 durch Gesellschafterbeschluss am 15.12.2000:

§8 Gesellschafterversammlung, Stimmrecht und Erfolgsbeteiligung

(1) Alljährlich findet innerhalb von 6 Monaten nach Schluss des vorangegangenen Rechnungsjahres eine ordentliche Gesellschafterversammlung statt. Diese beschließt über die

- Feststellung des Jahresabschlusses für das vorangegangene Geschäftsjahr,
- Verwendung der Ergebnisse der Unternehmung,
- Entlastung des/der Geschäftsführer/s,
  Wahl eines eventuell zu bestellenden Abschlussprüfers.

(2) Je 500,00 € eines Geschäftsanteils gewähren eine Stimme.

(3) 10 % eines Jahresüberschusses fließen ab 2001 in die Gewinnrücklage. Die Gewinnverteilung erfolgt im Verhältnis des gezeichneten Kapitals.

Änderung des Gesellschaftsvertrages § 5 (2) durch Gesellschafterbeschluss am 15.12.2000:

Herr Werner Klaussen scheidet zum 31.12.2000 aus dem Unternehmen aus. Herr Hans Peters wird zum 01.01.2001 zum Geschäftsführer ernannt.

Oldenburg, 15. Dezember 2000

Jan Ullmann *Björn Ries*

Der Gesellschaftsvertrag samt Änderungen wurde von Rechtsanwalt und Notar Dr. Heinfried Kampen, Oldenburg, notariell beglaubigt.

3 Absatzprogramm, Kunden, Preise

Das **Produktionsprogramm** der Fly Bike Werke GmbH umfasst zurzeit zwölf verschiedene Fahrradmodelle. Das Produktionsprogramm wird durch Handelswaren und Dienstleistungen zum **Absatzprogramm** erweitert.

Produktionsprogramm			
Modell	**Artikel-Nr.**	**Modell-Name**	**unverbindl. Preis**
City-Räder	101	City *Glide*	245,00 €
	102	City *Surf*	274,40 €
Trekkingräder	201	Trekking *Light*	299,25 €
	202	Trekking *Free*	350,00 €
	203	Trekking *Nature*	437,50 €
Mountainbikes	301	Mountain *Dispo*	393,75 €
	302	Mountain *Constitution*	598,50 €
	303	Mountain *Unlimited*	997,50 €
Rennräder	401	Renn *Fast*	1.260,00 €
	402	Renn *Superfast*	2.205,00 €
Kinderräder	501	Kinder *Twist*	196,88 €
	502	Kinder *Cool*	262,50 €

City-Rad Modell 102 *Surf*

Rennrad Modell 401 *Renn Fast*

Mountainbike Modell 302 *Constitution*

Kinderrad Modell 502 *Cool*

Handelswaren und Dienstleistungsangebote der Fly Bike Werke GmbH		
Handelswaren	Textilien aus Gore Tex (x = Größen S, M, L, XL, XXL)	– 701 x Shirts *STEFF superfast* – 702 x Shorts *STEFF superfast* – 703 x Jacketts *STEFF superfast*
	Fahrradanhänger	– 601 Modell *Kelly* – 602 Modell *Mini* – 603 Modell *Max* – 604 Modell *Kids* – 605 Modell *Sven*
Dienstleistungen	Vermittlung von Radtouren/Reisen (Veranstalter: UIT und Rebbel)	– 901 Brandenburg und Mecklenburg-Vorpommern (Alleestraßen) – 902 Rheinland-Pfalz (Mosel/Saar) – 903 Niedersachsen (Nordsee) – 904 Südtirol (Pässetour, Teilnahme an Dolomiti Open) – 905 Toskana (Kultur, Tour und Mee(h)r) – 906 Schweiz (Pässetour)

Kunden der Fly Bike Werke GmbH	
Einzelhandel	Umsatzstarke Fachhandelsunternehmen mit eigenen Filialen und abgegrenzten Vertriebsgebieten in Deutschland
Großhandel national	Fahrradgroßhandelsunternehmen, die den Fahrradeinzelhandel in Deutschland beliefern
Großhandel Europa	Je ein Großhändler in Belgien, in den Niederlanden, in Österreich und der Schweiz, die dort landesweit den Fahrradeinzelhandel beliefern
Private-Label-Kunden	Eine Kaufhauskette und ein Cash-and-Carry-Konzern, die Fahrräder unter eigenem Markennamen (Private Label) vertreiben

Die Preise der Fahrräder werden von der Fly Bike Werke GmbH immer als unverbindliche Preisempfehlungen angegeben, zuzüglich Umsatzsteuer für den Endverbraucher. Auf diese Preise erhalten die Wiederverkäufer (Kunden der Fly Bike Werke GmbH) Preisnachlässe in Form von **Rabatten**, **Boni** und **Skonto**.

4 Bilanz und GuV

Fly Bike Werke GmbH

Bilanz der Fly Bike Werke GmbH, Oldenburg, zum 31.12.20XX (in €)

Aktiva	Vorjahr	Berichtsjahr	Passiva	Vorjahr	Berichtsjahr
A. Anlagevermögen			**A. Eigenkapital**	700.000,00	850.000,00
1. Grundstücke und Bauten	635.200,00	612.850,00	**B. Verbindlichkeiten**		
2. Technische Anlagen und Maschinen	224.904,00	131.870,00	1. Langfristige Bankverbindlichkeiten	639.000,00	602.000,00
3. Betriebs- und Geschäftsausstattung	138.371,00	97.505,00	2. Verbindlichkeiten aus Lieferungen und Leistungen	697.600,00	926.225,00
B. Umlaufvermögen			3. Sonstige Verbindlichkeiten	13.000,00	24.000,00
1. Roh-, Hilfs- und Betriebsstoffe	224.800,00	288.000,00			
2. Unfertige Erzeugnisse	36.000,00	48.000,00			
3. Fertige Erzeugnisse	72.900,00	140.000,00			
4. Handelswaren	0,00	4.000,00			
5. Forderungen aus Lieferungen und Leistungen	541.520,00	720.000,00			
6. Kasse	3.105,00	2.400,00			
7. Bankguthaben	172.800,00	357.600,00			
	2.049.600,00	2.402.225,00		2.049.600,00	2.402.225,00

Gewinn- und Verlustrechnung

Gesamtkostenverfahren, Beträge in €	Vorjahr	Berichtsjahr
1. Umsatzerlöse	5.800.000,00	6.893.555,85
2. Erhöhung oder Verminderung an Erzeugnissen	18.000,00	105.500,00
3. aktivierte Eigenleistungen	3.000,00	3.600,00
4. sonstige betriebliche Erträge	–	4.000,00
5. Materialaufwand und Wareneinsatz	3.271.300,00	3.565.000,00
Rohergebnis	**2.549.700,00**	**3.441.655,85**
6. Personalaufwand	1.845.990,00	2.250.000,00
7. Abschreibungen	170.000,00	210.000,00
8. sonstige betriebliche Aufwendungen	324.000,00	344.000,00
Betriebsergebnis	**209.710,00**	**637.655,85**
9. Erträge aus Beteiligungen	–	–
10. Erträge aus anderen WP/Finanzanlagen	–	–
11. sonstige Zinsen	–	–
12. Abschreibungen auf WP des UV/Finanzanlagen	–	335.412,35
13. Zinsaufwendungen	60.480,00	47.628,00
9. bis 13. Finanzergebnis	– 60.480,00	– 403.040,35
14. Steuern vom Einkommen und vom Ertrag	47.230,00	82.115,50
15. Ergebnis nach Steuern	102.000,00	152.500,00
16. Sonstige Steuern	2.000,00	2.500,00
17. Jahresüberschuss/Jahresfehlbetrag	100.000,00	150.000,00

WP = Wertpapiere, UV = Umlaufvermögen

5 Organigramm

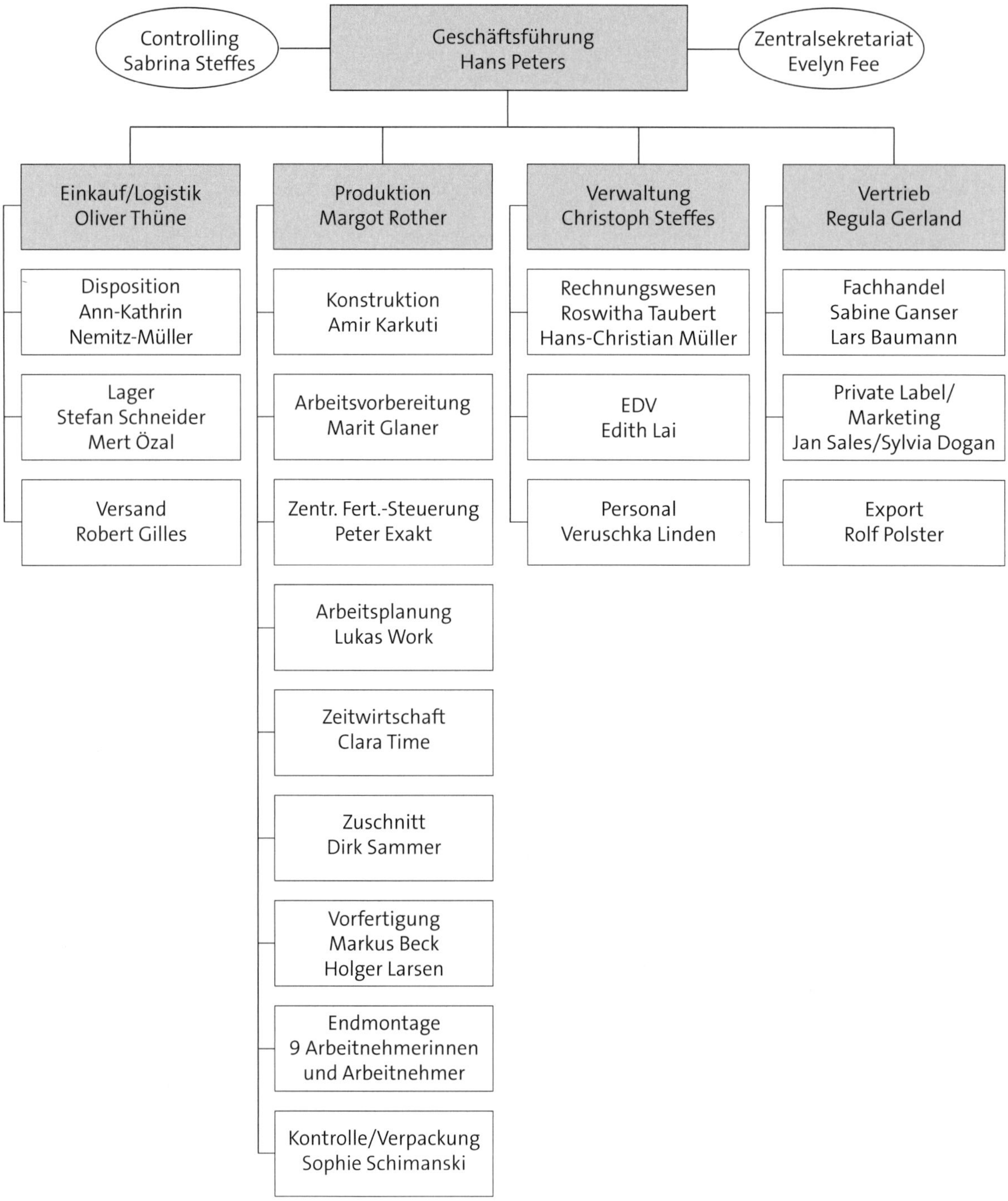

Sicherheitsbeauftragter: Peter Exakt
Umweltbeauftragte: Oliver Thüne
Qualitätsbeauftragte: Sophie Schimanski
Datenschutzbeauftragter: Christoph Steffes
Betriebsratsmitglieder: Sabine Ganser, Dom Tsiu, Saskia Engel
technischer Auszubildender: Ralf Schumacher
kfm. Auszubildende: Bettina Lotto

6 Kundenstammdaten der Fly Bike Werke GmbH

Kundenstammdaten der Fly Bike Werke GmbH

Kunden-Nr. Debitoren-Nr.	Firma Anschrift Telefon/Fax	Ansprechpartner Lieferanschrift Lieferart	Zahlungsbe- dingungen Zahlungsziel	Name der Bank IBAN BIC	Ansprech- partner FBW
10001 24001	Radbauer GmbH Augsburger Str. 21 80335 München Tel. 089 224336(8) Fax 089 224337	Herr Rosenheim Nymphenburgerstr. 42 80335 München Tel. 089 125340 Bahnfracht	2 % Skonto innerhalb von 8 Tagen 30 Tage Ziel	Münchner Bank DE44 7019 0000 0043 6224 90 GENODEF1M01	Herr Baumann
10002 24002	Schöller & Co. OHG Fahrradhandel Parlamentsplatz 2 60385 Frankfurt a. M. Tel. 069 49260 Fax 069 49262333	Herr Kleine Mörfelder Landstr. 180 60539 Frankfurt a. M. Tel. 069 6312488 Bahnfracht	2 % Skonto innerhalb von 8 Tagen 30 Tage Ziel	SEB DE73 5001 0117 0322 4000 21 ESSEDE5FXXX	Herr Baumann
10003 24003	Fahrradhandel Uwe Klein e. K. Am Wasserturm 4 66113 Saarbrücken Tel. 0681 685081 Fax 0681 68508222	Frau Geldert Dudweiler Landstr. 157 66123 Saarbrücken Tel. 0681 3908966 Bahnfracht	2 % Skonto innerhalb von 8 Tagen 30 Tage Ziel	Volksbank Saarbrücken DE30 5919 0100 0120 0045 69 GENODESAARB	Herr Baumann
10004 24004	Zweirad GmbH Herzogstr. 70 40251 Düsseldorf Tel. 0211 37501 Fax 0211 3750667	Herr Grünert Gladbacher Str. 50 41462 Neuss Tel. 02131 544222 Bahnfracht	2 % Skonto innerhalb von 8 Tagen 30 Tage	Deutsche Bank DE17 3007 0010 2140 0226 79 DEUTDEDDXXX	Frau Ganser
10005 24005	Fahrrad & Motorrad GmbH Alter Hellweg 46 44379 Dortmund Tel. 0231 61701 Fax 0231 6170333	Frau Dunkel Alter Hellweg 46 44379 Dortmund Tel. 0231 617010 Bahnfracht	2 % Skonto innerhalb von 8 Tagen 30 Tage Ziel	Deutsche Bank DE78 4407 0050 0420 0067 99 DEUTDEDE440	Frau Ganser
10006 24006	Bike GmbH Leipziger Chaussee 12 39118 Magdeburg Tel. 0391 6212415(6) Fax 0391 6212400	Herr Gründel Am Hansehafen 5 39126 Magdeburg Tel. 0391 509061 Bahnfracht	2 % Skonto innerhalb von 8 Tagen 30 Tage Ziel	Santander Bank DE49 3101 0833 0122 0033 44 SCFBDE33XXX	Herr Baumann
10007 24007	Zweiradhandelsgesellschaft GmbH Unter den Linden 42 10178 Berlin Tel. 030 202080 Fax 030 20208100	Herr Wester Rosenthaler Str. 40 10178 Berlin Tel. 030 30880011 Bahnfracht	2 % Skonto innerhalb von 8 Tagen 30 Tage Ziel	Berliner Bank DE88 1002 0900 0010 0469 9 GENODEBERLI	Herr Baumann
10008 24008	Nordrad GmbH Alter Markt 28 18055 Rostock Tel. 0381 4904416 Fax 0381 4904411	Frau Adams Alter Hafen Nord 325 18069 Rostock Tel. 0381 8112770 Bahnfracht	2 % Skonto innerhalb von 8 Tagen 30 Tage Ziel	Deutsche Bank DE03 1307 0000 0012 3006 65 DEUTDEBRXXX	Herr Baumann
10009 24009	Sachsenrad GmbH Bayreuther Str. 20 01277 Dresden Tel. 0351 4274750 Fax 0351 4274751	Frau Zeisig Bodenbacher Str. 81 01277 Dresden Tel. 0351 2540371 Bahnfracht	2 % Skonto innerhalb von 8 Tagen 30 Tage Ziel	Dresdner Bank DE93 8508 0000 0669 2004 51 DRESDEFF850	Herr Baumann
20010 24010	EGZ Einkaufsgenossenschaft Bonner Landstr. 512 50996 Köln Tel. 0221 934622 Fax 0221 934622300	Herr Kleinheisel Bonner Landstr. 523 50996 Köln Tel. 0221 934622220 Spedition	3 % Skonto innerhalb von 10 Tagen 30 Tage Ziel	Commerzbank DE26 3704 0044 0240 0066 92 COBADEFFXXX	Frau Ganser
20011 24011	Radplus GmbH Gütersloher Str. 102 33415 Verl Tel. 05246 45950 Fax 05246 4595111	Herr Reichenbach Gütersloher Str. 122 33415 Verl Tel. 05246 4591200 Spedition	3 % Skonto innerhalb von 10 Tagen 30 Tage Ziel	Kreissparkasse Wiedenbrück DE71 4785 3520 0000 2453 98 WELADED1WDB	Frau Ganser
20012 24012	Südrad e. G. Schleißheimer Str. 20 85221 Dachau Tel. 08131 73071 Fax 08131 7807211	Herr Huber Münchner Str. 70 85221 Dachau Tel. 08131 5155130 Spedition	3 % Skonto innerhalb von 10 Tagen 30 Tage Ziel	Raiffeisenbank Dachau DE79 7016 9414 0000 6240 99 GENORAIDAC	Herr Baumann
20014 24014	Interrad e. G. Großbeerenstr. 30 12107 Berlin Tel. 030 747920 Fax 030 74792311	Herr Brand Westfalenring 75 12207 Berlin Tel. 030 3007886 Spedition	3 % Skonto innerhalb von 10 Tagen 30 Tage Ziel	Berliner Bank DE31 1002 0900 0122 0005 67 GENODEBERLI	Herr Baumann
30031 24031	Europarad N. V. Zandvoortstraat 16 2800 Mechelen Belgien Tel. +32 15 209481 Fax +32 15 209411	Herr van der Kracht Zandvoortstraat 16 2800 Mechelen Belgien Tel. +32 15 209481 Spedition	1,5 % Skonto innerhalb von 14 Tagen 60 Tage Ziel	O.B.K. Bank BE98 1228 7569 3600 BKCPBEB1OBK	Herr Polster
30032 24032	Jansen Import B.V. Groot Bollerweg 10 5928 NS Venlo-Blerick Niederlande Tel. +31 77 3822640 Fax +31 77 3824241	Herr van Erp Groot Bollerweg 10 5928 NS Venlo-Blerick Niederlande Tel. +31 77 3822640 Spedition	1,5 % Skonto innerhalb von 14 Tagen 60 Tage Ziel	ABN Amro Bank NL27 ABNA 09042 42835 ABNANL2A	Herr Polster
30033 24033	Austria Fahrradhandels-gesellschaft AG Rautenweg 182 1220 Wien Österreich Tel. +43 1 226597 Fax +43 1 2206705	Frau Czech Rautenweg 182–184 1220 Wien Österreich Tel. +43 1 226598 Bahnfracht	1,5 % Skonto innerhalb von 14 Tagen 60 Tage Ziel	BAWAG P.S.K. AT56 6000 0217 1723 4648 BAWAATWW	Herr Polster
30034 24034	Velo AG Binzstr. 15 8045 Zürich Schweiz Tel. +41 1 4638596 Fax +41 1 4637070	Frau Alpi Binzstr. 16 8045 Zürich Schweiz Tel. +41 1 4638599 Bahnfracht	1,5 % Skonto innerhalb von 14 Tagen 60 Tage Ziel	Zürcher Kantonalbank CH71 0035 0110 2031 4228 ZNBKCHZZ80A	Herr Polster
40021 24021	Hofkauf AG Emdener Str. 4 50735 Köln Tel. 0221 7122400 Fax 0221 712240399	Herr Thönnes Lagerzentrum Frankfurter Str. 40 51065 Köln Tel. 0221 712240333 Spedition	2 % Skonto innerhalb von 10 Tagen 45 Tage Ziel	Postbank Köln DE79 3701 0050 0240 8521 22 PBNKDEFFXXX	Herr Sales
40022 24022	Matro AG Altenessener Str. 611 45472 Essen, Ruhr Tel. 0201 343170 Fax 0201 34317222	Herr Kunster Zwischenlager Mülheim Kruppstr. 60 45472 Mülheim a. d. Ruhr Tel. 0208 43430 Spedition	2 % Skonto innerhalb von 10 Tagen 45 Tage Ziel	Stadtsparkasse Essen DE94 3605 0105 0012 0003 99 SPESDE3EXXX	Herr Sales

7 Lieferantenstammdaten der Fly Bike Werke GmbH

Lieferantenstammdaten der Fly Bike Werke GmbH

Liefer.-Nr. Kreditoren-Nr.	Firma Anschrift Telefon/Fax	Ansprechpartner Lieferanschrift Lieferart	Name der Bank IBAN BIC	Lieferprogramm
60001 44001	Stahlwerke Tissen AG Karl-Kleppe-Str. 19 40474 Düsseldorf Tel. 0211 45899917 Fax 0211 45899942	Herr Greiner Tor 1 Karl-Kleppe-Str. 20 40474 Düsseldorf Tel. 0221 458990224 Spedition	Westdeutsche Landesbank DE40 3005 0000 0240 0337 12 WELADEDDXXX	Stahlrohre, Bleche
60002 44002	Mannes AG Herner Str.406 44807 Bochum Tel. 0234 904980 Fax 0234 90498711	Herr Özman Herner Str. 405 44807 Bochum Tel. 0234 92468333 Spedition	UniCredit Bank DE70 7002 0270 0079 9143 68 HYVEDEMMXXX	Stahlrohre
60003 44003	AWB Aluminiumwerke AG St. Augustiner Str. 30 53225 Bonn Tel. 0228 464770 Fax 0228 46477711	Herr Köllen Trier Str. 16 53115 Bonn Tel. 0228 617934 Spedition	SEB DE87 3801 0111 0077 9982 46 ESSEDE5F380	Aluminiumrohre
60004 44004	Shokk Ltd. 401 Charcot Ave. San Jose, CA95131, USA Tel. +1 4 084357466 Fax +1 4 0843457477	Mr. Temp Keine Rücksendungen Schiffsfracht	Bank of America N. A. 101 Park Center Plaza San Jose, CA95130 77892346	Spezialfedergabeln
60005 44005	Hans Köller Spezialrahmenbau e.K. Lorenzstr. 10 18146 Rostock Tel. 03 81 69040 Fax 03 81 6904777	Frau Reiz Lorenzstr. 10 18148 Rostock Tel. 0381 6904341 Bahnfracht	Deutsche Bank DE32 1307 0000 0012 3002 41 DEUTDEBRXXX	Spezialfahrradrahmen und Spezialfedergabeln
62007 44007	Farbenfabriken Beyer AG Am Beyerwerk 144 51333 Leverkusen Tel. 0214 301 Fax 02 14 30 211	Herr Gräulich Am Beyerwerk 144 51333 Leverkusen Tel. 0214 30799 Spedition	Sparkasse Leverkusen DE88 3755 1440 0607 0037 12 WELADEDLLEV	Lacke, Grundierungen
62008 44008	Color GmbH Hafenstr. 125 67061 Ludwigshafen am Rhein Tel. 0621 582664 Fax 0621 582666	Frau Reineke Hafenstr. 190 67061 Ludwigshafen am Rhein Spedition	Commerzbank DE29 5454 0033 0099 7632 98 COBADEFFXXX	Lacke, Grundierungen
71009 44009	Tamino Deutschland GmbH Immermannstr. 24 40210 Düsseldorf Tel. 0211 162166 Fax 0211 162199	Herr Freundlich Immermannstr. 24 40210 Düsseldorf Tel. 0211 162150 Spedition	The Mitsubishi Bank Ltd. DE93 3012 0000 0042 2996 33 WELADETMB01	Schaltungen, Laufräder, Bremssysteme, Antriebssysteme (vollständige Systemkomponenten)
71010 44010	Tamino INC 3–77 Oimatsuchu, Sakei 590–77 Osaka, Japan Tel. +81 6 722233280 Fax +81 6 722233282	Mr. Wasabi Tamino Deutschland GmbH Immermannstr. 24 40210 Düsseldorf Tel. 0211 162150 Schiffsfracht	Dai-Ichi Kangyo-Bank Ltd. 2-10 Izuminachi CHUO-CH 540 Osaka 5009087373	Schaltungen, Laufräder, Bremssysteme, Antriebssysteme (vollständige Systemkomponenten)
71011 44011	Dax AG Rudolf-Diesel-Str. 25 97424 Düsseldorf Tel. 0211 80170 Fax 0211 8017999	Herr Sachse Rudolf-Diesel-Str. 70 97424 Düsseldorf Tel. 0211 8017326 Spedition	SEB DE24 7931 0111 0004 0021 93 ESSEDE5F793	Schaltungen, Laufräder, Bremssysteme, Anriebssysteme (vollständige Systemkomponenten)
72012 44012	Schwalle KG Märkische Str. 36 44135 Dortmund Tel. 0231 52810 Fax 0231 5281155	Herr Rille Märkische Str. 38 44135 Dortmund Tel. 0231 5281936 Spedition	Dortmunder Volksbank DE43 4416 0014 0204 4001 23 GENODEM1DOR	Reifen (Decken), Schläuche mit Ventilen, Felgenbänder
72013 44013	Continent AG Vahrenwalder Str. 99 30165 Hannover Tel. 0511 927411	Herr Rieger Vahrenwalder Str. 102 30165 Hannover Spedition	Deutsche Bank DE74 2507 0070 0124 4467 11 DEUTDE2HXXX	Reifen (Decken), Schläuche mit Ventilen, Felgenbänder
73014 44014	Ruhrwerke GmbH Lohrheidestr. 72 44866 Bochum Tel. 02327 3521 Fax 02327 352998	Frau Rieser Lohrheidestr. 72 44866 Bochum Tel. 02327 352974 Spedition	UniCredit Bank DE49 7002 0270 0079 2003 41 HYVEDEMMXXX	Lenker, Vorbauten, Metallausstattungen (Ständer, Gepäckträger usw.)
73015 44015	Frikawerke GmbH&Co. KG Gertenstr. 19 58739 Wickede/Ruhr Tel. 02377 5770 Fax 02377 577319	Herr Stoll Gertenstr. 19 58739 Wickede/Ruhr Tel. 02377 577124 Spedition	Sparkasse Werl DE13 4145 1750 0039 7226 11 WELADED1WRL	Lenker, Vorbauten, Metallausstattungen (Ständer, Gepäckträger usw.)
74016 44016	Sella SA Via San Pietro 22–24 10121 Torino Italien Tel. +39 11 4679121 Fax +39 11 4679127	Sig. Maletti Lieferanschrift Via San Pietro 22–24 10121 Torino Italien Tel. +39 11 4679224 Bahnfracht	Unicredit Banca di Roma IT69 L060 3005 124 BROMITR1708	Sättel, Sattelstützen, Satteltaschen
75020 44020	Union Elektro AG Landsberger Str. 66 12623 Berlin Tel. 030 5628333 Fax 030 5628321	Herr Kraprich Landsberger Str. 67 12623 Berlin Tel. 030 5628362 Spedition	Berliner Industriebank DE59 1001 0700 0160 9233 09 WELADED2BIB	Beleuchtungssysteme
76022 44022	Kunststoffwerke AG Hans-Böckler-Str. 49–52 28217 Bremen Tel. 0421 399550 Fax 0421 39955613	Herr Danielesen Hans-Böckler-Str. 49–52 28217 Bremen Tel. 0421 39955666 Spedition	Dresdner Bank DE24 2908 0010 0714 9002 11 DRESDEFF290	Kunststoffausstattungen (Schutzbleche, Kettenschutz, Griffe usw.) und Kunststoffverpackungen
77024 44024	Druckerei & Design Wolfgang Krause Cloppenburger Str. 450 26133 Oldenburg Tel. 0441 47011 Fax 0441 47111	Herr Krause Cloppenburger Str. 450 26133 Oldenburg Tel. 0441 47011 Spedition	Landessparkasse Oldenburg DE83 2805 0100 0100 0233 09 BRLADE21LZO	Abzüge, Drucksachen aller Art
78026 44026	Marwik GmbH Den Haager Str. 1a 28259 Bremen Tel. 0421 576631 Fax 0421 57663222	Herr Kleinreich Den Haager Str. 1b 28259 Bremen Tel. 0421 57663289 Spedition	Dresdner Bank DE54 2908 0010 0714 9113 11 DRESDEFF290	Hochwertige Antriebs- und Bremssysteme
80027 44027	Metallwarenfabrik Köller GmbH Altendorfer Str. 411 45143 Essen (Ruhr) Tel. 0201 627761 Fax 0201 6277666	Herr Wiesel Altendorfer Str. 67 45143 Essen (Ruhr) Tel. 0201 6277512 Spedition	Sparkasse Essen DE62 3605 0105 0360 9235 55 SPESDE3EXXX	Kleinteile aus Metall (Schrauben, Unterlegscheiben, Muttern, Anlötteile, Ausfallenden usw.)
80030 44030	apv Augsburger Papierveredelungsgesellschaft mbH Gumpelzhaimerstr. 3–5 86154 Augsburg Tel. 0821 546660 Fax 0821 5466610	Frau Obermann Gumpelzhaimerstr. 3–5 86154 Augsburg Tel. 0821 5466622 Bahnfracht	Bayrische Vereinsbank DE28 7202 0070 0013 1956 87 HYVEDEMM408	Verpackungen aus Papier und Karton
90032 44032	Cycle-Tools-Import GmbH Am Sandtorkai 30 20457 Hamburg Tel. 040 378231 Fax 040 37823200	Herr Weeseler Am Sandtorkai 30–32 20457 Hamburg Tel. 040 37823372 Spedition	Bankhaus Fischer & Co. DE90 2011 0600 0420 0039 95 WELADED1BHF	Fremdbauteile und Handelswaren aller Art für die Fahrradindustrie (Weltmarktproduktionen)
90034 44034	Fahrradteile International GmbH Borgwardstr. 16 28309 Bremen Tel. 0421 83091 Fax 0421 8309344	Herr Itze Borgwardstr. 17 28309 Bremen Tel. 0421 8309567 Spedition	Dresdner Bank DE96 2908 0010 0700 9822 28 DRESDEFF290	Fremdbauteile und Handelswaren aller Art für die Fahrradindustrie (Weltmarktproduktionen)

Lernsituation 1

FK → TAF 11.1 | Kap. 1

Praktikumsplätze beurteilen und beschreiben

Situation

Die Fly Bike Werke GmbH sucht über Stellenanzeigen, die sie an Schulen aushängt, Praktikanten. Die Stellenanzeige liefert bereits einige Informationen über das zu erwartende Praktikum. Melanie Klein hatte sich auf die folgende Stellenanzeige beworben.

Fly Bike Werke GmbH

Wir sind einer der führenden Hersteller qualitativ hochwertiger Sport- und Freizeiträder. Kundenorientierung und ein motivierendes Arbeitsklima machen uns erfolgreich. Unsere Mitarbeiter erhalten Förderung und Freiraum.

Wir suchen: Jahres-Praktikantinnen/Praktikanten

Ihre Aufgaben
- Bestellungen bei Lieferanten vorbereiten und durchführen
- Geschäftsvorgänge für das Rechnungswesen bearbeiten
- Anfragen bearbeiten; Kunden beraten und Angebote unter Berücksichtigung von Zahlungsbedingungen erstellen
- Besprechungen vorbereiten; Vorlagen und Berichte erstellen

Unser Angebot
- Kennenlernen verschiedener Arbeitsbereiche
  abwechslungsreiche Aufgaben
- Mitarbeit in einem jungen, sympathischen Team
- Vergütung 150,00 €/Monat

Anforderungen
- Pünktlichkeit, Zuverlässigkeit und Teamfähigkeit
- gute Kenntnisse in Deutsch und Mathematik

Kontakt
Fly Bike Werke GmbH
Herrn Christoph Steffes
Rostocker Str. 334 — Tel. 0441 885-11
26121 Oldenburg — c.steffes@flybike-werke.de

www.flybike-werke.de

Arbeitsaufträge

1 Sehen Sie sich noch einmal den Praktikumsplan auf Seite 18 in der Fachkunde an. Beurteilen Sie, ob die Fly Bike Werke GmbH damit ihre versprochenen Angebote aus der Anzeige erfüllen kann.

2 Beschreiben Sie, welche wichtigen Aspekte eines Praktikums nicht in einem Praktikumsplan erfasst werden können.

3 Verfassen Sie für Ihren eigenen Praktikumsbetrieb eine entsprechende Stellenanzeige.

Arbeitsblatt 1.1 | Praktikumsbewertung

Methode

„Zielscheiben" ermöglichen eine schnelle Rückmeldung über gemachte Erfahrungen oder vorhandene Einstellungen. Sie helfen, sich zu positionieren und den eigenen Standpunkt zu bestimmen. Dabei werden Fragestellungen i. d. R. vorgegeben.

1 Bewerten Sie in jedem Segment der Zielscheibe, wie Sie bisher Ihr Praktikum in Bezug auf das entsprechende Kriterium einschätzen. Setzen Sie dazu ein „x" in jedem Segment. Je näher Ihr Kreuz an der Mitte liegt, desto besser beurteilen Sie Ihr Praktikum in Bezug auf den jeweiligen Aspekt.

2 Vergleichen Sie Ihre Ergebnisse mit den Ergebnissen der anderen Schüler, Die Auswertung kann z. B. erfolgen, indem die Ergebnisse aller Schüler von einem Schüler auf eine Zielscheibe übertragen werden. Dann sieht keiner, wer welches „x" gemacht hat.

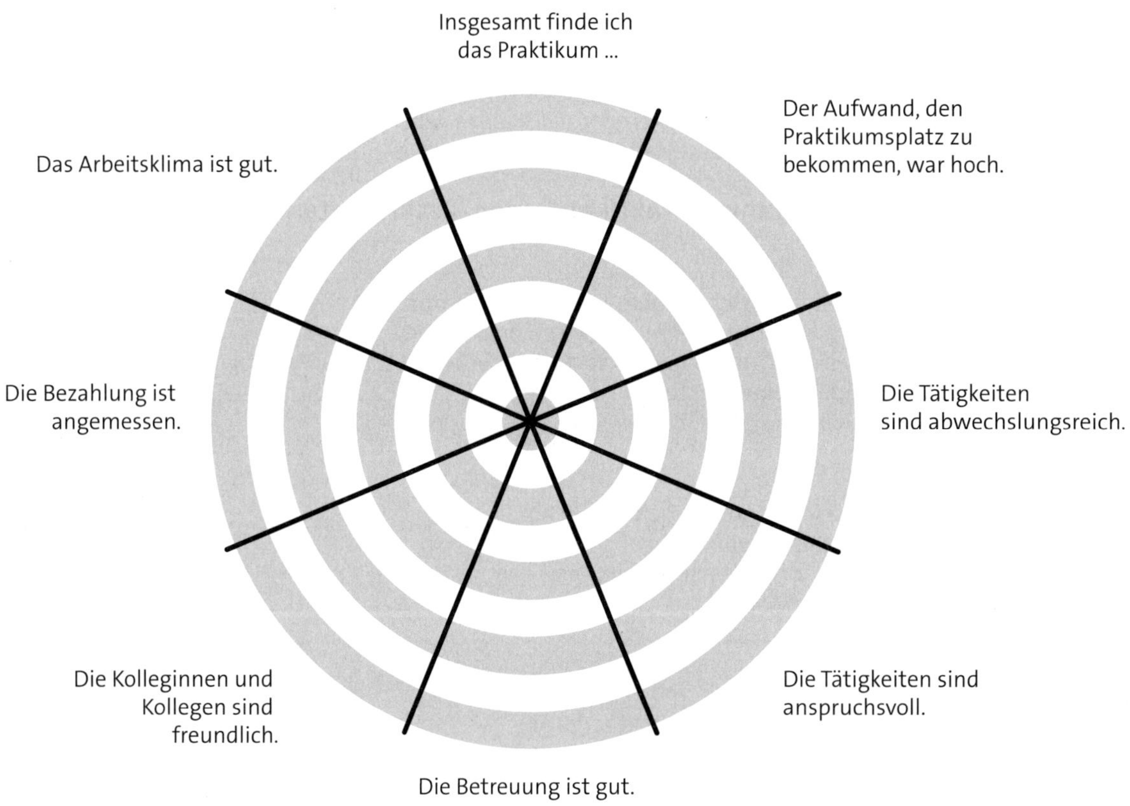

Notizen – Was mir noch wichtig ist:

Aufgaben

Aufgabe 1
Erläutern Sie, welche Anforderungen ein Praktikumsplatz, gemäß der Verordnung über die Ausbildung und Abschlussprüfung an Fachoberschulen, erfüllen muss.

Aufgabe 2
Nennen Sie Kriterien, die ein guter Praktikumsplatz Ihrer Meinung nach erfüllen muss.

Aufgabe 3
Der erste Praktikumsplatz von Deniz Özal bei seinem Onkel im Friseursalon wurde abgelehnt. Beurteilen Sie anhand der Anforderungen aus der Verordnung für Fachoberschulen sowie Ihrer persönlichen Anforderungen an Praktikumsplätze, ob es von der Schule richtig war, den Praktikumsplatz abzulehnen.

Aufgabe 4
Betrachten Sie den unten stehenden Bericht und bearbeiten Sie die folgenden Teilaufgaben.

Aufgabe 5
Recherchieren Sie in Ihrem Betrieb die Antworten zu folgenden Fragen:

- **a** Recherchieren Sie die Haupttätigkeitsbereiche Ihres Praktikumsbetriebs.
- **b** Wie heißt der Geschäftsführer?
- **c** Wie heißen die direkten Kollegen in Ihrer Abteilung?
- **d** Wie sind Ihre Arbeitszeiten genau geregelt?
- **e** Welche Vorschriften gibt es für den Fall, dass Sie einmal krank werden?
- **f** Wen müssen Sie im Falle einer Krankheit informieren?
- **g** Wie lange vorher und bei wem müssen Sie Urlaub beantragen?
- **h** Gibt es in Ihrem Praktikumsbetrieb einen Betriebs- oder Personalrat?
- **i** Gibt es in Ihrem Praktikumsbetrieb eine Jugend- und Auszubildendenvertretung?
- **j** Wer unterschreibt Ihre Praktikumsberichte und Zeitnachweise?

Mein Praktikum

Ich fahre immer mit der Bahn zu meinem Praktikum. Die Fahrt dauert furchtbar lange, da die Verbindung seer schlecht ist. Sobald ich in meinem Betrieb ankomme, muss ich zuerst die Post machen. Ich muss alle briefe öffnen und sie sortieren. Neben mir sitzt eine Kollegin – Barbara. Sie ist ganz nett und bevor ich mit der Post fertig bin, trinken wir immer einen Kaffee und unterhalten uns. Einmal hat mein SChef sich beschwert, dass die Psot erst so spät zu ihm kommt. Der soll sich nicht so anstellen, denn immerhin bekomme ich kein Geld. Nach der Post habe ich verschiedene Aufgaben. Das hängt davon ab, was mein Chef mir gerade sagt.

Manchmal muss ich eine Sitzung vorbereiten und Papier kopieren oder ich muss Dinge besorgen. Ich bin auch dafür zuständig, Briefe zu entwerfen. Die Mittagspause verbringe ich oft mit Barbara oder anderen Kollegen. Das macht Spaß.

Manchmal muss ich auch irgendwelche Akten sortieren. Das ist wirklich langweilig. So, das ist mein Praktikum.

Marcel Chaos

- **a** Beurteilen Sie den obigen Bericht in Bezug auf seine Form.
- **b** Beurteilen Sie den obigen Bericht in Bezug auf seinen Inhalt.
- **c** Erläutern Sie, welche Kriterien ein guter Praktikumsbericht erfüllen muss.
- **d** Praktikumsberichte sollten sachlich formuliert sein. Eigene Meinungen gehören in einen speziellen Reflexionsteil. Prüfen Sie, welche Stellen nicht in den Bericht gehören, und kennzeichnen Sie diese.

Lernsituation 2

FK → TAF 11.1 | Kap. 2

Rechtliche Regelungen von Praktika

Situation

Deniz Özal geht zusammen mit Elisa Hartwig und Benny Huber in eine Klasse. Die Schüler vergleichen im Unterricht ihre Arbeitszeiten im Praktikumsbetrieb. Die 17-jährige Elisa und der 20-jährige Benny haben ihren Praktikumsvertrag mitgebracht. Darin sind u. a. die folgenden Angaben zu den Arbeitszeiten und Kündigungsfristen enthalten. Die beiden Praktikanten sind mit den Vertragsklauseln nicht zufrieden. Sie haben sogar den Verdacht, dass einige Regelungen gar nicht zulässig sind.

Für unsere Praktikanten gelten folgende Arbeitszeiten:

Montag:	08:00 – 16:30 Uhr	Pause: 10:00 – 10:15 Uhr und 12:45 – 13:15 Uhr
Dienstag:	13:00 – 22:00 Uhr	Pause: 18:00 – 19:00 Uhr
Mittwoch:	07:00 – 15:30 Uhr	Pause: 14:30 – 15:30 Uhr

Während der Urlaubszeit des Praktikumsbetreuers müssen die Praktikanten montags von 08:00 – 18:30 Uhr im Betrieb anwesend sein. Eine zehnminütige Pause darf zu jeder vollen Stunde eingelegt werden (9:00 – 9:10 Uhr, 10:00 – 10:10 Uhr usw.).

Alle acht Wochen sollen die Praktikanten auch freitags von 8:00 – 12:00 Uhr arbeiten.

Eine Kündigung durch den Praktikumsbetrieb ist jederzeit ohne Kündigungsfrist möglich. Die Praktikanten können ihr Praktikum in allen Fällen nur mit einer Kündigungsfrist von vier Wochen kündigen.

Arbeitsaufträge

1 Prüfen Sie für jeden der beiden Praktikanten, welche dieser Angaben zu den Arbeitszeiten und Kündigungsfristen gegen die Bestimmungen des Jugendarbeitsschutz- und des Arbeitszeitgesetzes sowie des Bürgerlichen Gesetzbuches verstoßen.

2 Formulieren Sie eine gesetzlich zulässige Regelung von Kündigungsfristen im FOS-Praktikum.

3 Entwerfen Sie einen Plan mit gesetzlich zulässigen Arbeitszeiten, den die Praktikanten ihrem Betreuer als Vorschlag unterbreiten können. Gehen Sie auch auf die Sonderregelungen während des Urlaubs des Betreuers ein. Beachten Sie, dass die wöchentliche Arbeitszeit von 24 Stunden für Fachoberschüler eingehalten wird. Außerdem sollen die Anfangszeiten je nach Wochentag entsprechend dem Plan des Betreuers eingehalten werden.

4 Schätzen Sie ab, welche Probleme es geben könnte, wenn die beiden Praktikanten ihrem Praktikumsbetreuer diesen Vorschlag vorstellen. Begründen Sie, warum ihre Vorschläge angenommen werden sollten.

Arbeitsblatt 2.1 | Arbeitszeiten und Pausenregelungen für minder- und volljährige Praktikanten im Vergleich

Zum Schutz von Arbeitnehmern gibt es Regelungen zu Arbeits- und Ruhezeiten. Minderjährige gelten als besonders schutzbedürftig, deshalb gibt es für sie weitergehende Schutzvorschriften. Stellen Sie die Unterschiede zwischen minderjährigen und volljährigen FOS-Praktikanten dar, indem Sie die nachfolgende Tabelle ausfüllen:

	Minderjährige Praktikanten	Volljährige Praktikanten
Welche Rechtsquellen regeln die Arbeits- und Ruhezeiten?		
Wie lange darf an einem Tag maximal gearbeitet werden?		
Wie oft und wie lange müssen Pausen gewährt werden?		
Wie viel Freizeit muss mindestens zwischen zwei Praktikumstagen liegen?		
Wann darf ein Arbeitstag frühestens beginnen?		
Wann muss ein Arbeitstag spätestens enden?		

FK → TAF 11.1 | Kap. 2

Anwendung der rechtlichen Regelungen im Praktikum

Rollenspiel zum Thema „Arbeitszeiten"

Die Praktikanten Elisa Hartwig und Benny Huber möchten die Arbeitszeitenregelungen der Schrott und Bruch GmbH nicht ohne Weiteres hinnehmen, da sie nicht den gesetzlichen Mindestanforderungen entsprechen. Deswegen haben Elisa und Benny um einen Termin beim Personalchef, Herrn Mies, gebeten. Die beiden Praktikanten sind sich nicht sicher, mit welcher Strategie sie in das Gespräch mit Herrn Mies gehen sollten. Sie wollen nicht als Querulanten dastehen. Schließlich zahlt ihnen der Praktikumsbetrieb eine monatliche Vergütung in Höhe von 200,00 €. Nach Meinung der Geschäftsleitung sollte dies „geringfügige" Verstöße gegen die entsprechenden rechtlichen Regelungen ausgleichen. Außerdem befürchten Elisa und Benny, dass sie durch ihre Beschwerde ihren Praktikumsplatz verlieren könnten. Aber Elisa und Benny meinen, dass die Arbeitszeiten wirklich nicht in Ordnung sind. Aber vielleicht finden sie ja eine Lösung ...

Arbeitsaufträge und Ablauf

- Bilden Sie Gruppen. 2 bis 3 Gruppen bereiten das Gespräch aus der Perspektive des Personalchefs Herrn Mies vor, 2 bis 3 weitere Gruppen bereiten das Gespräch aus Sicht der Praktikanten Elisa Hartwig und Benny Huber vor.
- Überlegen Sie sich in den Gruppen Ihre jeweilige Gesprächsstrategie. Denken Sie auch über die Argumente der anderen Seite nach und versuchen Sie passende Einwände zu finden. Notieren Sie diese.
- Jede Gruppe bestimmt eine Spielerin/einen Spieler, die/der die jeweilige Rolle übernimmt. Die übrigen Gruppenmitglieder beobachten den Gesprächsverlauf und machen sich Notizen. Als Hilfe kann der Beobachtungsbogen (Arbeitsblatt 3.1) dienen.
- Nach 15 Minuten führen Sie dieses Gespräch durch.
- Anschließend werden Gesprächsverlauf und -ergebnis ausgewertet.

Die Gespräche können sowohl vor der gesamten Klasse als auch parallel im Klassenraum geführt werden. Bei der ersten Variante sind alle übrigen Klassenmitglieder Beobachter. Bei Durchführung der zweiten Variante bieten sich nach Durchführung und Besprechung der gleichzeitig verlaufenden Gespräche ein anschließender Bericht vor der gesamten Klasse und ein Vergleich der unterschiedlichen Ergebnisse an.

Platz für Notizen:

Arbeitsblatt 3.1 | Beobachtungsbogen zum Rollenspiel

1. Beschreiben Sie, wie sich der Personalchef bzw. die Praktikanten verhalten haben.

2. Geben Sie die Argumente wieder, die der Personalchef bzw. die Praktikanten vorgebracht haben.

Personalchef	Praktikanten

3. Ist das Ergebnis des Gespräches realistisch?

Arbeitsblatt 3.2 | Zulässige Urlaubsansprüche

Untersuchen Sie die folgenden Urlaubsansprüche auf ihre rechtliche Zulässigkeit.

Praktikant(in)	Alter zu Beginn des Jahres, in dem das Praktikum beginnt	Urlaubsanspruch laut Praktikumsvertrag (in Praktikumstagen)	Zulässig (wenn nein, Höhe des Mindesturlaubsanspruchs)
Susanne Klug	17	13	
Paul Schnell	18	12	
Emine Yilmaz	16	12	
Anna Schlau	18	24	
Konrad Roth	17	12	
Felix Flott	15	15	

Aufgaben

Aufgabe 1
Lisa Werner ist seit drei Monaten in ihrem Praktikumsbetrieb. Ihr Praktikumsplan sieht vor, dass sie die Abteilungen Rechnungswesen, Personal und Vertrieb kennenlernen soll. Allerdings wurde sie bis jetzt nur zum Kopieren, zum Ablegen von Akten und zum Kaffee kochen eingesetzt. Lisa ist unzufrieden. Deswegen möchte sie kündigen und ihr Praktikum in einem anderen Unternehmen fortsetzen.

a Geben Sie an, gegen welche Pflicht der Praktikumsbetrieb eventuell verstößt.
b Stellen Sie die Alternativen dar, die Lisa in dieser Situation zu einer Kündigung hat.
c Geben Sie an, was Lisa vor einer Kündigung beachten muss.

Aufgabe 2
Nina Schröders Praktikumstage sind der Montag, der Dienstag und der Mittwoch.

a Ermitteln Sie, wie viele Urlaubstage Nina Schröder nehmen muss, wenn sie die gesamte zweite Osterferienwoche frei haben möchte. Die Woche hat vier Arbeitstage (Di – Fr.), da der Ostermontag in diese Woche fällt.
b Geben Sie an, wie viele Urlaubstage Nina Schröder nehmen muss, wenn sie nach einem Feiertag (Do.) den Freitag (beweglicher Ferientag) frei haben möchte.

Aufgabe 3
Geben Sie an, an welchem Datum das Praktikum nach einer Kündigung in den folgenden Fällen endet. Begründen Sie jeweils Ihre Antwort.

a Daniels Praktikumsbetrieb kündigt ihm am 15.11., weil er Kunden mehrfach beleidigt hat.
b Volkan kündigt am 02.09. seinen Praktikumsvertrag, da er eine Berufsausbildung beginnt.
c Carinas Kündigung erreicht den Betrieb am 15.08. Kündigungsgrund: Sie hat den ersehnten Ausbildungsplatz doch noch erhalten.
d Der Betrieb von Ebru kündigt ihr am 03.12., weil der Praktikumsleiter keine Zeit zur Betreuung hat.

Aufgabe 4
Der Allgemeine Kündigungsschutz besagt, dass Arbeitnehmern nur aus betriebs-, personen- oder verhaltensbedingten Gründen gekündigt werden kann. Nennen Sie die jeweiligen Kündigungsgründe in den folgenden Fällen.

a Verena Seidel ist Bäckerin. Sie bekommt eine Mehlallergie und kann den Beruf nicht mehr ausüben.
b Die Kassiererin Ute Maier wird entlassen, weil sie Geld aus der Kasse für den Kauf einer neuen Hose entwendet hat.
c Ihr Kollege Lars Hartmann wird entlassen, da wegen anhaltend sinkender Kundenzahlen weniger Kassen geöffnet sind.
d Uschi Ehrlich meldet sich mehrfach nicht rechtzeitig krank.

Aufgabe 5
Arbeitnehmer müssen gesetzlich festgelegte Ruhezeiten einhalten. Ermitteln Sie, wann der Einsatz einer Praktikantin/eines Praktikanten spätestens beendet sein muss, wenn am nächsten Morgen um 8:00 Uhr der Schulunterricht beginnt. Berücksichtigen Sie dabei die Rolle, die das Alter einer Praktikantin/eines Praktikanten bei der Feststellung der Ruhezeit spielt.

Aufgabe 6
Überprüfen Sie in Kleingruppen Ihre Praktikumsverträge auf die Richtigkeit des Urlaubsanspruchs.

Aufgabe 7
Thorsten Müller arbeitet in den beiden Herbstferienwochen und in der letzten Woche der Weihnachtsferien jeweils an fünf Tagen. Geben Sie an,

a um wie viele Tage sich sein Urlaubsanspruch erhöht.
b wann er diese Urlaubstage nehmen kann.

Aufgabe 8
Nennen Sie jeweils das Gesetz, in dem Sie Regelungen zu den folgenden Punkten finden.

a Urlaubsansprüche für minderjährige Praktikanten und Auszubildende
b zulässige Kündigungsgründe gemäß Allgemeinem Kündigungsschutz
c Kündigungsfristen für Arbeitnehmer und Praktikanten
d Urlaubsansprüche für volljährige Praktikanten
e Arbeitszeiten für minderjährige Praktikanten
f Arbeitszeiten für volljährige Praktikanten

Aufgabe 9
Begründen Sie, warum es Gesetze zum Schutz von Arbeitnehmern gibt.

Aufgabe 10
Stellen Sie dar, wie sich ein Praktikant gegenüber Betrieb und Schule verhalten muss, wenn er eine Woche lang (von Mo. bis Fr.) krank ist.

Lernsituation 4

FK → TAF 11.1 | Kap. 3

Aufbauorganisation

Situation

Die Fly Bike Werke GmbH fertigt Fahrräder und Rennräder für den in- und ausländischen Markt. Schon seit einigen Jahren leitet Herr Peters als alleiniger Geschäftsführer das Unternehmen. In der jüngsten Vergangenheit traten allerdings Probleme auf, die die Aufbauorganisation des Unternehmens betrafen. Außerdem beschleicht Herrn Peters das Gefühl, dass die besonderen Stärken einiger Mitarbeiter bei der aktuellen Aufbauorganisation nicht richtig zum Tragen kommen. Daher ist eine innerbetriebliche Umstrukturierung angedacht. In den verschiedenen Abteilungen traten folgende personelle und sachliche Probleme auf:

Beratung der Geschäftsleitung: Sabrina Steffes gehört erst seit zwei Jahren der Fly Bike Werke GmbH an. Zuvor absolvierte sie ein betriebswirtschaftliches Studium mit Schwerpunkt Controlling und konnte seither ihre Kenntnisse zugunsten der Fly Bike Werke GmbH einbringen. Sabrina Steffes ist die Nichte von Christoph Steffes, dem Abteilungsleiter Verwaltung. Sie wird von den übrigen Mitarbeitern noch nicht ganz akzeptiert. So verweigerte Frau Fee, die Leiterin des Zentralsekretariats, einen Arbeitsauftrag von ihr.

Einkauf/Logistik: Abteilungsleiter der Abteilung Einkauf/Logistik ist Herr Thüne. Leider ist Herr Thüne schon seit mehreren Monaten schwer erkrankt, sodass Frau Nemitz-Müller neben der Disposition dessen Aufgaben übernimmt. Frau Nemitz-Müller erledigt ihre Aufgaben mit viel Engagement und Erfahrung. Allerdings ist das nun anfallende Arbeitspensum für eine Arbeitskraft auf Dauer viel zu umfangreich und Frau Nemitz-Müller oftmals so überlastet, dass sie zunehmend gereizt reagiert. Immerhin wird die kaufmännische Auszubildende Frau Lotto in acht Wochen ihre Ausbildung zur Industriekauffrau abschließen. Frau Lotto hat sich während ihrer Ausbildung sehr gut in die Fly Bike Werke GmbH integriert und man wird ihr einen Arbeitsplatz in der Disposition anbieten.

Produktion: Die Abteilung Produktion soll effektiver gestaltet werden. Zu diesem Zweck soll die Arbeitsplanung der Arbeitsvorbereitung angegliedert werden. Die für die Zeitwirtschaft zuständige Sachbearbeiterin, Frau Time, ist ausgezeichnet in eine neue Software für die Personalplanung eingearbeitet. So kam es in den letzten Wochen bei ihr immer wieder zu Leerlaufzeiten, während Frau Linden, die Sachbearbeiterin Personal, ihr Arbeitspensum im Bereich Personal/Ausbildung kaum bewältigen kann.

Verwaltung: Christoph Steffes leitet die Abteilung Verwaltung, die die Aufgabenbereiche Rechnungswesen, EDV und Personal bearbeitet. Frau Taubert und Herr Müller sind die zuständigen Sachbearbeiter im Rechnungswesen. Frau Taubert ist ausgebildete Steuerfachangestellte und verfügt über eine mehrjährige Erfahrung. Herr Müller hat sich in den drei Jahren nach seiner Ausbildung zum Kalkulationsfachmann weiterentwickelt. Sein Wissen auf diesem Gebiet ist sehr vorteilhaft für die Fly Bike Werke GmbH, denn ohne präzise Kostenkalkulation kann ein Unternehmen nicht existieren. Herr Müller wird sich in Zukunft ausschließlich mit der Kalkulation beschäftigen. Deren Bedeutung soll auch in der Aufbauorganisation ersichtlich werden.

Vertrieb: Der Bereich Marketing ist in der Fly Bike Werke GmbH in den letzten Jahren stark gewachsen. Das Unternehmen engagiert sich aktiv im Profi- und Amateur-Radsport. Dieses Engagement soll weiter ausgebaut werden und die zuständige Mitarbeiterin, Frau Dogan, soll Unterstützung von einem weiteren Mitarbeiter erhalten, dem gegenüber sie weisungsbefugt sein soll.

Arbeitsaufträge

1 Betrachten Sie das aktuelle Organigramm der Fly Bike Werke GmbH auf Seite 10. Entwickeln Sie unter Berücksichtigung der aufgetretenen personellen und sachlichen Probleme notwendige Veränderungen für das Unternehmen.
2 Stellen Sie das neu entstandene Leitungssystem anschließend in dem Organigramm in Arbeitsblatt 4.1 dar.
3 Geben Sie in der unten stehenden Tabelle die Organisationsform der Fly Bike Werke GmbH an.
4 Beurteilen Sie die Verweigerungshaltung von Frau Fee, als sie einen Arbeitsauftrag von Frau Steffes ablehnte. Geben Sie an, wessen Weisungen Frau Fee Folge leisten muss.
5 Nennen Sie die Vor- und Nachteile des Leitungssystems der Fly Bike Werke GmbH.

Organisationsform: ____________________

Vorteile	Nachteile

Arbeitsblatt 4.1 | Organigramm

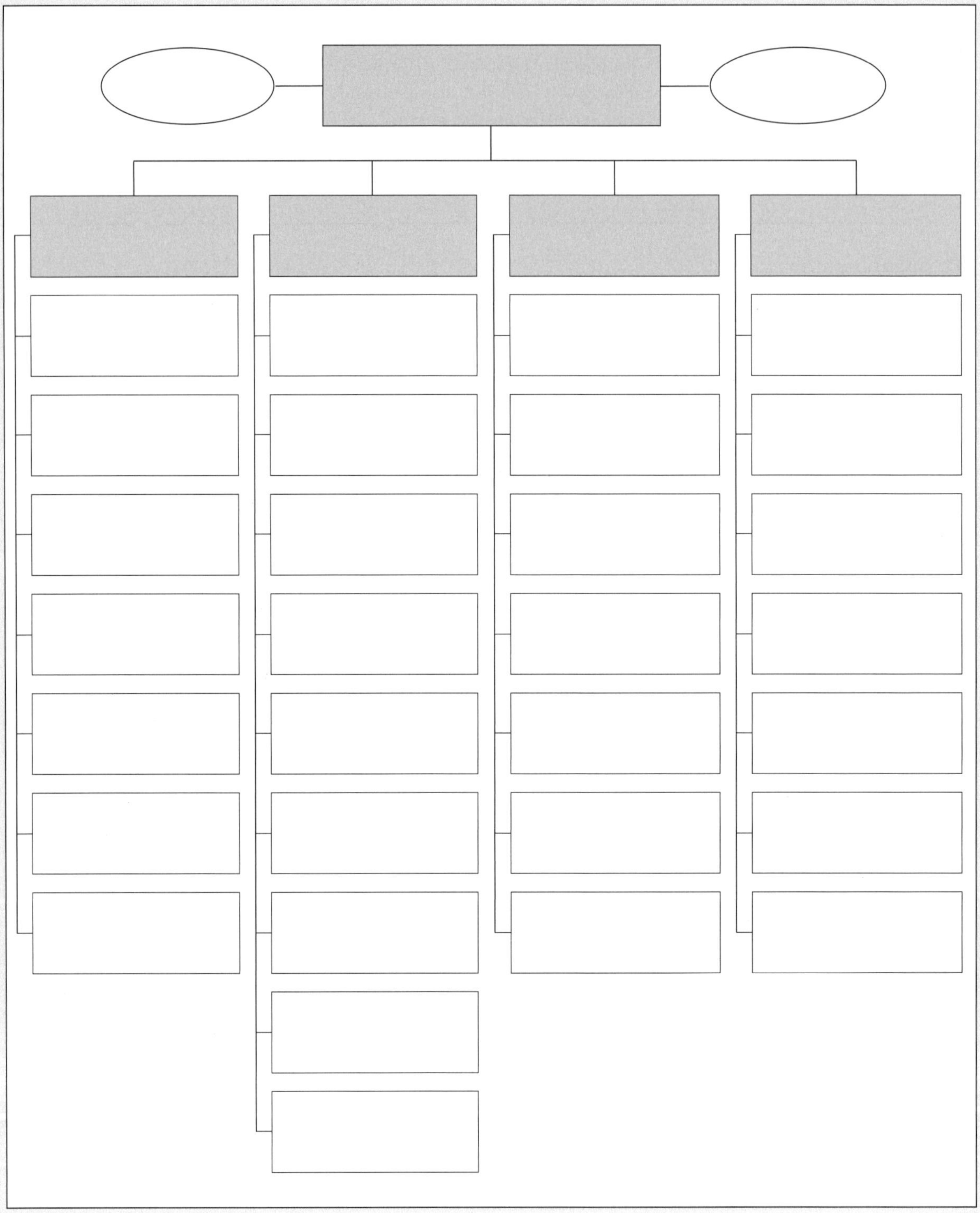

Hinweis: Der hier vorgegebene Platz bietet Raum für kreative Lösungen, die inhaltlich begründbar sein sollten. Es müssen nicht alle Stellen besetzt werden, d. h., Sie können auch Felder leer lassen.

Arbeitsblatt 4.2 | Leitungssysteme

Einliniensystem		Skizze
Mehrliniensystem		Skizze
Stabliniensystem		Skizze
Matrixorganisation		Skizze
Spartenorganisation		Skizze

Aufgaben

Aufgabe 1
Entscheiden Sie, ob die folgenden organisatorischen Regelungen Teil der Aufbau- oder der Ablauforganisation sind:

Situationsbeschreibung	Aufbauorganisation	Ablauforganisation
Der Lagerist nimmt jede Ware in die Hand und legt sie anschließend in die bereitgestellte Versandbox.		
Nach Ausscheiden des bisherigen Abteilungsleiters, Herrn Peters, wird die Abteilung „Kalkulation" der Abteilung „Buchhaltung" angegliedert und untersteht der Leitung von Herrn Lehmann.		
Im Erdgeschoss eines Nebengebäudes wird ein Geschäft für Fahrradbekleidung eröffnet. Die Leitung übernimmt Frau Klose.		
Vom Ersatzteillager wird die Bedarfsmeldung an das Hauptlager gesandt.		

Aufgabe 2
Beantworten Sie kurz die folgenden Fragen zu Ihrem Praktikumsbetrieb.

- **a** Ordnen Sie Ihren Praktikumsbetrieb einem der in Arbeitsblatt 4.2 genannten Leitungssysteme zu.
- **b** Recherchieren Sie die dort erbrachten Leistungen bzw. erstellten Produkte.
- **c** Recherchieren Sie, von welchen Betrieben Ihr Praktikumsbetrieb Leistungen/Produkte bezieht. Nennen Sie Beispiele.

Aufgabe 3
Unterscheiden Sie die Begriffe „Produktionsprogramm" und „Sortiment".

FK → TAF 11.1 | Kap. 4

Datenschutz überprüfen

Situation

Die Fly Bike Werke GmbH hat ein Gewinnspiel über 10 Luxus-Trekking-Räder veranstaltet. Die Teilnahme konnte per Postkarte oder per Internet erfolgen. Insgesamt sind per Post 5 000 Gewinnspielkarten eingegangen. Die Praktikantin Melanie hat aus den Postkarten fünf Gewinner gezogen. Nun soll sie die Gewinner per Brief informieren und die Daten aller Teilnehmer für weitere Werbemaßnahmen erfassen. Die Mitarbeiterin im Marketing, Frau Dogan, weist Melanie darauf hin, dass in jedem Einzelfall die Bestimmungen des Datenschutzgesetzes beachtet werden sollen. Hier ist die Karte eines Gewinners, Marco Bremer.

Fly Bike Werke GmbH

GEWINNEN SIE DAS FLY BIKE TREKKING-FAHRRAD!

Aufsteigen, losradeln, Spaß haben: Endlich startet wieder die Fahrrad-Saison!

Wir verlosen **10 Luxus-Trekking-Räder im Gesamtwert von rund 14.000,00 €.**

Die Fahrräder werden speziell an die Gewinner angepasst!

Jedes der Alu-Hohlrahmen-Räder mit Straßenzulassung hat einen **Wert von 1.399,00 €** und ist mit super Extras ausgestattet.

Name: Marco Bremer
Straße: Alleenring 18
Postleitzahl: 61118 Stadt: Bad Vilbel
Land: Deutschland
E-Mail: marco.bremer@t-online.de

Geburtsdatum: 08.07.1976
Körpergröße: 1,80 Gewicht: 105 kg
Machen Sie häufig längere Fahrradtouren?
Ja [ ] Nein [X]

[ ] Ja, ich akzeptiere die Teilnahmebedingungen und bin damit einverstanden, dass ich per E-Mail und auf dem Postweg über interessante Angebote der Fly Bike Werke informiert werde. Dieses Einverständnis kann ich jederzeit mit Wirkung für die Zukunft widerrufen.

Arbeitsaufträge

1 Entscheiden Sie jeweils, ob die folgenden weiteren Nutzungsmöglichkeiten der Informationen von der Postkarte nach dem Bundesdatenschutzgesetz zulässig sind. Begründen Sie Ihre Entscheidung.

- **a** Marco Bremer hat eines der Fahrräder gewonnen. Melanie schreibt ihm eine Benachrichtigung per E-Mail.
- **b** Melanie gibt Marco Bremers Körpergröße und Gewicht dem Verkaufsmitarbeiter durch, damit er ein in der Größe passendes Fahrrad aussucht.
- **c** Nachdem Melanie Marco Bremers Daten für das Gewinnspiel erfasst hat, möchte die Marketing-Abteilung ihn regelmäßig über neue Produkte und Fahrradzubehör informieren.
- **d** Eine Fitness-Studio-Kette hat Interesse an den gesammelten Daten und wäre bereit, für die Daten 1.000,00 € zu zahlen.

Arbeitsblatt 5.1 | Datenschutz

Das Bundesdatenschutzgesetz regelt die Erhebung, Verarbeitung und Nutzung personenbezogener Daten.

Prinzipien:

Erläuterungen:

Die Erhebung und Nutzung ist nur gestattet, wenn: • • •		• •	• Berichtigung: • Löschung:	• •		

Beispiele:

Aufgaben

Aufgabe 1
Beschreiben Sie in der unten stehenden Tabelle drei mögliche Gefahren für die Sicherheit von digitalen Daten und erläutern Sie, welche Möglichkeit bzw. Möglichkeiten es jeweils gibt, die Sicherheit der Daten zu erhöhen.

Aufgabe 2
Der Einfallsreichtum bei Zugangspasswörtern ist häufig nicht sehr groß. Viele nehmen auch ein Passwort für alle ihre privaten und geschäftlichen Anwendungen. Erläutern Sie, welche Kriterien ein „sicheres" Passwort erfüllen sollte.

Gefährdung der Datensicherheit durch:	Höhere Datensicherheit durch:
Zugriff Unberechtigter, die Geheimnisse „ausspähen", auf Ihre Daten	Zugangskontrollen einführen, z. B. ein sicheres Passwort vergeben und Schreibtische oder Schränke mit personenbezogenen Daten verschließen
1) ______	______
2) ______	______
3) ______	______

Aufgabe 3
Beurteilen Sie, ob die folgenden Fälle aus Sicht des Datenschutzes zulässig sind.

a Eine Mitarbeiterin hat beim Ausdruck der Gehaltsabrechnungen der Mitarbeiter das Papier falsch in den Drucker eingelegt. Die unbrauchbaren Ausdrucke wirft sie in den Papierkorb neben dem Drucker, der für alle frei zugänglich ist.

b Einige Mitarbeiter haben durch den Fehler einer Kollegin Informationen über die Gehälter der Kollegen erhalten. Der Chef musste daraufhin zwei Mitarbeiterinnen besser bezahlen als vorher. Er möchte Schadenersatz von der Kollegin, die Gehaltsinformationen nicht angemessen schützte.

c Die Internetnutzung der Mitarbeiter in einer Firma wird protokolliert. Die Mitarbeiter wissen davon nichts.

d Die Internetnutzung der Mitarbeiter in einer Firma wird protokolliert. Die Mitarbeiter wissen darüber Bescheid und haben hierzu bei der Einstellung ihr Einverständnis erklärt.

Aufgabe 4
Zunehmend geben Firmen im Internet Auskünfte über ihren Umgang mit Kundendaten. Erläutern Sie, welche Folgen es für ein Unternehmen haben kann, wenn Konsumenten diesem beim Umgang mit persönlichen Daten nicht vertrauen. Skizzieren Sie zwei Lösungsansätze für die betroffenen Unternehmen.

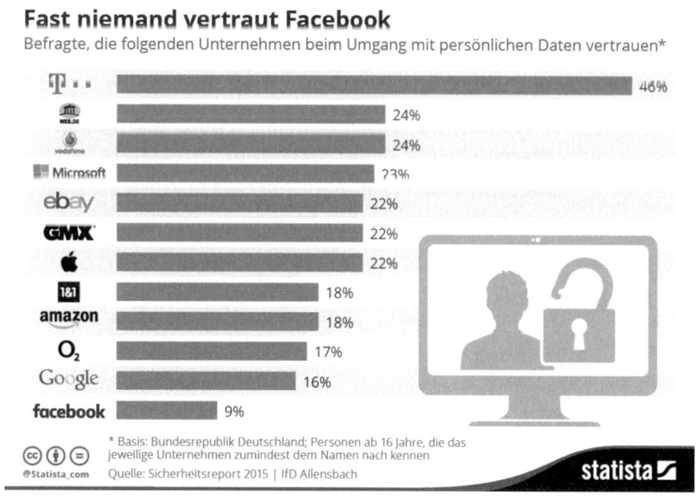

Lernsituation 6

FK → TAF 11.1 | Kap. 4.4

Bewerberdaten recherchieren

Situation

Frau Linden ist bei der Fly Bike Werke GmbH für die Auswahl der Auszubildenden zuständig. Sie hat gerade einen interessanten Artikel in der Zeitung gelesen, der sie auf die Idee gebracht hat, sich im Internet über die Bewerberinnen und Bewerber auf den Ausbildungsplatz bei der Fly Bike Werke GmbH zu informieren. Sie zeigt der Auszubildenden Bettina Lotto, die an der Auswahl beteiligt ist, den Zeitungsartikel. Die Auszubildende soll im Internet zusätzliche Informationen über die Bewerber recherchieren und zusammenstellen.

Der Personalchef schaut zu

Saufen und feiern, das macht Sven F. (Name geändert) aus Kassel Spaß. Der 20-Jährige hat viel Detailarbeit in seine StudiVZ-Seite [ehemals großes soziales Netzwerk, ähnlich Facebook] gesteckt: Über seinen Auftritt im sozialen Netzwerk verkündet der Single, dass er Lust auf Dating hat, dass er gerne harten Hip-Hop hört und dass er sich freut, wenn er mit seinem PS-starken VW mal wieder der Polizei entwischt.

Besonders viel Mühe hat sich Sven allerdings damit gegeben zu verkünden, wie er es mit der Arbeit hält: „Lieber'nen Bauch vom Saufen, als'nen Buckel vom Arbeiten", heißt eine seiner Interessengruppen.
Mit dabei ist er auch in „Frühaufstehen ist der erste Schritt in die falsche Richtung" (...)

Tägliche Maloche scheint nicht Svens Sache zu sein. Das kann jeder sehen, schließlich hat er seine Seite nicht gesperrt, bei der Freischaltung nicht auf „privat" geklickt. So haben nicht nur Svens über 100 registrierte Freunde Zugriff (...). Auch der Rest der Welt darf zugucken – zum Beispiel die Chefs der Personalabteilungen, bei denen sich Sven bewirbt. (...)

Nach einer Studie, die das Dimap-Institut jetzt im Auftrag der Bundesregierung durchgeführt hat, greifen viele Arbeitgeber systematisch auf private Daten von Bewerbern zurück, die diese in sozialen Netzwerken veröffentlichen. (...)

28 Prozent der in der Studie befragten Unternehmen gaben an, sich gezielt im Internet über Bewerber zu informieren. Ein Viertel der Firmen gab zu, den einen oder anderen Bewerber gar nicht erst eingeladen zu haben – wegen des schlechten ersten Eindrucks, den der Online-Auftritt vermittelt hat. (...)

43 Prozent der befragten Unternehmen halten zu persönliche Inhalte wie Fotos von privaten Partys laut Studie für unangemessen und rechnen sie dem Bewerber als klaren Nachteil an.

Spuren im Netz hinterlässt zwar fast jeder. Wer sich in der digitalen Welt bewegt, bleibt dort nicht unsichtbar. Wer beim Online-Buchhändler Amazon ein Buch oder eine CD bestellt, verrät den anderen Kunden, was bei den letzten Einkäufen im Warenkorb lag. (...) Solche digitalen Abdrücke werden die Personalchefs im Zweifelsfall aber nicht abschrecken.

Quelle: www.FR-online.de, Artikel vom 22.08.2009, Autorin: Hannah Schneider

Der Weg zur sauberen Netzidentität

Negative Internetbeiträge lassen sich nicht immer verhindern, etwa wenn jemand anderes peinliche Fotos oder negative Bemerkungen über eine andere Person einfach veröffentlicht. Mit etwas Zeitaufwand lässt sich jedoch der gute Ruf im Netz aufbauen.

An **Google** kommt keiner vorbei: Die Suchmaschine wird am häufigsten genutzt (...). Die Wahrscheinlichkeit ist hoch, dass auch Personalverantwortliche sie benutzen.

Das Ego-Googeln verschafft einen Überblick, wie die eigene Netzidentität aussieht. (...)

Als Nächstes ist eine Anfrage bei speziellen Personensuchdiensten wie Yasni.de oder 123people.de wichtig. Auf einen Blick zeigen sie Bilder, Dokumente, Lebensläufe, Videos, Webseiten, E-Mail-Adressen, Dokumente oder Zitate, die mit diesem Namen auffindbar sind.

Nach der Bestandsaufnahme kommt der aktive Teil. Private Profile in sozialen Netzwerken wie Facebook oder studiVZ lassen sich schützen. Der Nutzer sollte Einstellungen in den Profilen schärfen und bestimmte Inhalte nur aus gesuchten Menschen zugänglich machen.

Gibt es negative Einträge im Netz, ist es wichtig, mit positiven Inhalten zu kontern und die negativen auf die hinteren Plätze der Suchmaschinen zu verdrängen. Berufsprofile mit Lebensläufen und Referenzen lassen sich bei Netzwerken wie Xing.de oder LinkedIn.de hinterlegen. (...)

Arbeitsaufträge

1 Bewerten Sie, ob es aus Ihrer Sicht vertretbar ist, Informationen über Bewerber im Internet zu suchen.

2 Überprüfen Sie, welche Informationen über Sie selbst im Internet verfügbar sind.

3 Recherchieren Sie die „Richtlinien zum Löschen von Inhalten" bei Google.

4 Diskutieren Sie, wie es auf Sie wirken würde, wenn über einen Bewerber gar keine Informationen im Internet zu finden wären.

Arbeitsblatt 6.1 | Internet-Rechercheauftrag: Was steht über uns im Internet?

Suchen Sie sich einen Klassenkameraden oder eine Klassenkameradin aus. Finden Sie gegenseitig möglichst viele Informationen zu den folgenden Rechercheaufträgen. Recherchieren Sie auch auf den Internet-Seiten, die im Artikel auf Seite 30 genannt sind.

Rechercheauftrag	Recherche-Ergebnis (notieren Sie die Internet-Adresse)	Anzahl an Funden
Seiten, auf denen Ihre Recherchepartnerin oder Ihr Recherchepartner mit Namen erwähnt wird.		
a) Telefonnummer b) E-Mail-Adresse Ihrer Recherchepartnerin bzw. Ihres Recherchepartners.		
Suchen Sie nach Bildern von Ihrer Recherchepartnerin bzw. von Ihrem Recherchepartner.		
	Gesamtanzahl:	

Aufgaben

Aufgabe 1
Erläutern Sie, was personenbezogene Daten sind.

Aufgabe 2
Erläutern Sie die Begriffe Datenschutz und Datensicherheit.

Aufgabe 3
Recherchieren Sie, ob es Unternehmen, Behörden oder Personen gibt, die eventuell Interesse an Daten über Sie haben. Diskutieren Sie, zu welchem Zweck die Daten für die von Ihnen gefundenen Gruppen von Interesse wären.

FK → TAF 11.1 | Kap. 6

Konflikte wahrnehmen und bewältigen

Keiner will helfen

Die Lehrerin ist fassungslos und enttäuscht. Das hätte sie von ihrer Klasse nicht gedacht. Was ist geschehen?

Zwei Schüler aus der 11. Klasse einer Fachoberschule sind mit dem Motorrad verunglückt. Eike und Sahand haben sich glücklicherweise nur „glimpfliche" Verletzungen zugezogen. Eike hat sich den Knöchel gebrochen und Sahand den linken Arm. Es geht ihnen schon wieder besser, aber sie müssen sich noch mindestens vier Wochen erholen. Damit sie den Anschluss an den Unterricht nicht verlieren, hat die Lehrerin vorgeschlagen, dass täglich eine Mitschülerin oder ein Mitschüler den beiden die Hausaufgaben bringt und sie über das Schulgeschehen informiert. Krankenhaus und Wohnungen liegen nicht weit entfernt.

Die Lehrerin hat in der letzten Woche schon mehrfach angemerkt, dass sich im Unterricht das Fehlen der beiden Klassenbesten auswirke. Nun ist sie völlig überrascht, dass niemand aus der Klasse bereit ist, die beiden zu besuchen. Der größere Teil der Klasse schaut bei der Frage zu Boden. Winfried, Volker und Anna sagen offen, dass sie nicht bereit sind, diese Aufgabe zu übernehmen. Andere meinen, sie hätten keine Zeit.

Was ist der Hintergrund für dieses Verhalten der Klasse? Die 11. Klassen an der Fachoberschule kommen aus verschiedenen Schulen, nur wenige haben vorher gemeinsam eine Gesamtschule besucht. Nur Eike und Sahand kommen von einem Gymnasium. Dort mussten sie nach der 10. Klasse aussteigen, weil sie zu schlechte Noten hatten. In der 11. Klasse aber sind sie die Klassenbesten, da sie vieles schon einmal im Unterricht hatten. Diesen Vorsprung spielen sie voll aus, rufen ständig dazwischen und lachen, wenn jemand eine falsche Antwort gibt. Die Lehrerinnen und Lehrer, die froh sind, dass jemand schnell antwortet, übersehen zumeist das schlechte Benehmen der beiden. Manche Lehrer nehmen sie besonders oft dran, um mit ihrem Unterricht weiterzukommen. Der größere Teil der Klasse hält sich zurück. Die Mitarbeit von einigen Schülerinnen und Schülern ist stark zurückgegangen. Obwohl manche auch froh sind, dass die beiden die Lehrerinnen und Lehrer zufriedenstellen, haben sie doch zunehmend Angst wegen der Noten.

Nur Winfried und Volker, die auch relativ gut sind, protestieren häufiger gegen das Verhalten von Eike und Sahand. Allerdings ohne große Wirkung.

Besonders scharf ist der Konflikt zwischen Sahand, der aus einer iranischen Familie kommt, und Anna, die einer spanischen Familie entstammt. Anna ist recht gut in der Schule, aber sprachlich manchmal recht unsicher. Jedes Mal, wenn sie einen Fehler macht, lacht Sahand laut auf. Das hat dazu geführt, dass Anna sich immer weniger im Unterricht meldet. Sie redet aber bei den Mädchen in der Klasse schlecht über Sahand, was diesen wiederum empört.

Jetzt stellen auch die anderen Lehrerinnen und Lehrer fest, dass sie das allmähliche Auseinanderfallen der Klassengemeinschaft nicht bemerkt haben. Sie erinnern sich aber nun an eine Reihe von Vorfällen, deren Bedeutung ihnen erst jetzt klar wird. So haben sich schon im August Eike und Sahand gegen die ganze Klasse durchgesetzt, als es um das Ziel eines Tagesausflugs ging. Bei der Planung des Ausflugs gab es harte Auseinandersetzungen zwischen Eike und Sahand und einem großen Teil der Mädchen. Im Deutschunterricht kam es zu einem Streit, als Anna ein Gedicht vorgetragen hat und Sahand sie anschließend nachgeäfft hat. Im Mathematikunterricht haben Eike und Sahand durchgesetzt, dass der Stoff für eine Klassenarbeit, die schlecht ausgefallen war, nicht noch einmal behandelt wurde. Die zweite Arbeit fiel noch schlechter aus.

Nach: Faller, K., u. a.: Konflikte selber lösen – Ein Trainingshandbuch, Verlag an der Ruhr, Mülheim, 2009.

Arbeitsaufträge

1 Nennen Sie die am Konflikt beteiligten Personen oder Gruppen.
2 Beschreiben Sie, was in dem beschriebenen Konflikt auf der Sachebene kommuniziert wird.
3 Stellen Sie Vermutungen an, welche Störungen in dem beschriebenen Fall auf der Beziehungsebene vorliegen können.
4 Analysieren Sie, auf welche Art hier der Konflikt ausgetragen wird.
5 Beschreiben Sie genau, wie Sie sich gefühlt haben, als Sie das letzte Mal an einem Konflikt beteiligt waren.

Arbeitsblatt 7.1 | Was ist ein Konflikt?

Im Folgenden werden verschiedene Situationen genannt.

Entscheiden Sie, ob es sich dabei um einen Konflikt handelt oder nicht. Wenn Sie sich nicht entscheiden können, wählen Sie die Position dazwischen.

Sie sollten während der Entscheidungsfindung **nicht** mit anderen sprechen!

Situation	Konflikt		
	Ja	Unentschlossen	Nein
1. Susanna ist außergewöhnlich füllig. Aufgrund ihrer Körpermaße wird sie von Rick immer gehänselt.			
2. Carina und Eike wollen sich gemeinsam auf die nächste Klassenarbeit vorbereiten. Tim möchte sich anschließen, doch die beiden lehnen ab.			
3. Im Sportunterricht treten die beiden Freunde Julian und David im 100-Meter-Lauf gegeneinander an. Julian will auf jeden Fall gewinnen.			
4. Sandy und Alex sind in Mathematik die Besten. Sie machen sich über die anderen lustig, die Mathematik nicht so schnell verstehen.			
5. Ahmed hat sich teure Schuhe geleistet. In der Pausenhalle der Schule tritt ihm eine Schülerin mit ihren Stöckelschuhen auf seine neuen Schuhe.			
6. Obwohl bei einem Boxkampf beide Gegner stark bluten, kämpfen sie weiter.			
7. In der Pause werfen sich Sören und Patrick einen Apfel zu. Plötzlich wird Tina getroffen und tut sich weh.			
8. Ahmed ist 17 Jahre alt. Gegen Ahmeds Willen verlangt dessen Vater, dass sein Sohn um 23 Uhr zu Hause ist.			

Aufgaben

Übung zur Formulierung von „Ich"-Botschaften
In allen Gesprächssituationen sollte beachtet werden, dass durch unterschwellige Zurechtweisungen, Racheakte oder Machtkämpfe ein Gespräch ganz schnell blockiert werden kann. Deshalb sollten in Gesprächen und Diskussionen so genannte „Du"-Botschaften („Du musst lauter sprechen!") vermieden werden, da sie oft aggressiv und beleidigend wirken und damit den Konflikt verschärfen.

Förderlich in Konfliktsituationen ist es, von sich selbst zu sprechen. Diese so genannten „Ich"-Botschaften (z. B. „Ich verstehe dich ziemlich schlecht!") haben den Vorteil, dass sie nicht beleidigend oder verletzend sind und damit dazu beitragen, die Spannung abzubauen und Konflikte zu lösen.

In den folgenden Situationen haben die Betroffenen mit einer „Du"-Botschaft reagiert. Die Konfliktsituation ist daraufhin weiter eskaliert. Versetzen Sie sich in die Situation der Betroffenen und formulieren Sie als Alternative eine „Ich"-Botschaft nach folgendem Schema:

„Ich bin ______ (Nennung des Gefühls),
wenn du ______ (Nennung des Auslösers),
weil ______ (Begründung) und
ich möchte ______ (Erwartung)."

„Du"-Botschaft	Alternative: „Ich"-Botschaft
1 Tim hat sich mit Sofia verabredet. Er kommt 40 Minuten nach der verabredeten Uhrzeit. Sofia: „Du kommst immer zu spät!"	
2 Die Ausbilderin gibt Nina ihr Berichtsheft zurück: „Sie können noch nicht einmal einen ordentlichen Bericht verfassen und Sie müssen sich dringend um Ihre Rechtschreibung kümmern!"	
3 Der Vorgesetzte äußert sich gegenüber einem Mitarbeiter: „Immer muss man Ihnen die Dinge zweimal erklären!"	

Lernsituation 8

FK → TAF 11.1 | Kap. 7.2

Betriebsrat und Jugend- und Auszubildendenvertretung

Situation

Die RadReisen GmbH bietet als Reisebüro über das Internet und ein Call-Center weltweite Fahrradreisen an. Seit der Gründung vor drei Jahren ist das Unternehmen stetig gewachsen. Seit vier Monaten bildet die RadReisen GmbH erstmalig zwei junge Reiseverkehrskaufleute aus (Claudia, 17 Jahre alt, und Jan, 19 Jahre alt). Die beiden Auszubildenden sind jedoch unzufrieden damit, dass die Arbeitszeiten viel zu lang sind; sie wünschen sich außerdem zusätzliche innerbetriebliche Fortbildungsmaßnahmen. Neben der Unternehmensgründerin, Frau Fröhlich (32 Jahre alt), und dem Geschäftsführer, Herrn Platz (54 Jahre alt), sind in dem Unternehmen noch die folgenden Personen beschäftigt:

- Patrick Schlau (29 Jahre alt, vor sechs Wochen eingestellt) ist Informatiker und kümmert sich um die Programmierung der Internetseiten.
- Ina Bunge (48 Jahre alt), Reiseverkehrskauffrau, arbeitet seit einem Jahr in der Buchhaltung.
- Sabine Pfaff (22 Jahre alt) arbeitet seit einem Jahr als Sekretärin im Unternehmen und hilft gelegentlich im Call-Center aus.
- Markus Ticket (52 Jahre alt) wird seit einem Jahr als Reiseverkehrskaufmann beschäftigt und organisiert den Versand der Buchungsunterlagen.
- Timo Klein (16 Jahre alt), festangestellte Hilfskraft, unterstützt seit fünf Monaten Herrn Ticket.
- Carina Schnell (24 Jahre alt) arbeitet seit acht Monaten als festangestellte Halbtagskraft im Call-Center.
- Zudem werden regelmäßig Zeitarbeitskräfte beschäftigt. Momentan arbeitet eine Zeitarbeitskraft (43 Jahre alt) im Unternehmen, die für die Dauer eines Jahres angeworben wurde und vor vier Monaten bei der RadReisen GmbH begonnen hat.

Auszug aus dem Betriebsverfassungsgesetz (BetrVG)

§ 1 Errichtung von Betriebsräten

(1) In Betrieben mit in der Regel mindestens fünf ständigen wahlberechtigten Arbeitnehmern, von denen drei wählbar sind, werden Betriebsräte gewählt. Dies gilt auch für gemeinsame Betriebe mehrerer Unternehmen.

§ 5 Arbeitnehmer

(1) Arbeitnehmer (...) im Sinne dieses Gesetzes sind Arbeiter und Angestellte einschließlich der zu ihrer Berufsausbildung Beschäftigten, unabhängig davon, ob sie im Betrieb, im Außendienst oder mit Telearbeit beschäftigt werden. Als Arbeitnehmer gelten auch die in Heimarbeit Beschäftigten, die in der Hauptsache für den Betrieb arbeiten. (...)

§ 7 Wahlberechtigung

Wahlberechtigt sind alle Arbeitnehmer des Betriebs, die das 18. Lebensjahr vollendet haben. Werden Arbeitnehmer eines anderen Arbeitgebers zur Arbeitsleistung überlassen, so sind diese wahlberechtigt, wenn sie länger als drei Monate im Betrieb eingesetzt werden.

§ 8 Wählbarkeit

(1) Wählbar sind alle Wahlberechtigten, die sechs Monate dem Betrieb angehören oder als in Heimarbeit Beschäftigte in der Hauptsache für den Betrieb gearbeitet haben. Auf diese sechsmonatige Betriebszugehörigkeit werden Zeiten angerechnet, in denen der Arbeitnehmer unmittelbar vorher einem anderen Betrieb desselben Unternehmens oder Konzerns (...) angehört hat. Nicht wählbar ist, wer infolge strafgerichtlicher Verurteilung die Fähigkeit, Rechte aus öffentlichen Wahlen zu erlangen, nicht besitzt.

Arbeitsaufträge

1 Bestimmen Sie, ob in der RadReisen GmbH ein Betriebsrat gegründet werden kann.
   - **a** Kann nach § 1 Betriebsverfassungsgesetz in der RadReisen GmbH ein Betriebsrat gegründet werden?
   - **b** Nennen Sie die im Betrieb beschäftigten Personen, die wahlberechtigt wären.
   - **c** Nennen Sie die im Betrieb beschäftigten Personen, die wählbar wären.

2 Bestimmen Sie den nächstmöglichen Termin für eine Betriebsratswahl.

3 Nennen Sie die regelmäßige Dauer der Amtszeit eines Betriebsrates.

4 Die beiden Auszubildenden haben in der Berufsschule Kenntnisse über die Jugend- und Auszubildendenvertretung (JAV) erhalten und sind an deren Einrichtung interessiert. Erörtern Sie, ob bei der RadReisen GmbH eine JAV eingerichtet werden könnte.

Arbeitsblatt 8.1 | Wahl und Aufgaben des Betriebsrates

Wahl des Betriebsrates

Der Betriebsrat kann in Betrieben mit mindestens fünf wahlberechtigten Arbeitnehmern gewählt werden, von denen drei wählbar sein müssen.

Wer ist wahlberechtigt?	Wer ist wählbar?	Wann finden die Betriebsratswahlen statt?

Aufgaben des Betriebsrates

-
-
-
-
-

Arbeitsblatt 8.2 | Rechte des Betriebsrates

Erläutern Sie die folgenden Begriffe und den Grund dafür, dass die Rechte des Betriebsrats in dieser Weise abgestuft sind:

Mitbestimmungsrecht

Widerspruchsrecht

Mitwirkungsrecht

Grund für die Abstufung der Rechte des Betriebsrats:

Arbeitsblatt 8.3 | Jugend- und Auszubildendenvertretung (JAV)

Voraussetzungen für die Gründung:
•
•

Wer ist wahlberechtigt?	Wer ist wählbar?	Wann finden die Wahlen statt?

Aufgaben der Jugend- und Auszubildendenvertretung (JAV):
•
•
•

Aufgaben

Aufgabe 1

In der Disposition ist Melanie Klein fest in den regulären Betriebsablauf eingebunden. Als Vertretung für eine erkrankte Kollegin bittet Herr Thüne sie, auch nach den Schultagen ins Büro zu kommen. Dabei macht er Melanie Hoffnung auf einen Ausbildungsplatz nach erfolgreichem Abschluss der FOS. Melanie fühlt sich von der Situation überfordert.

a Melanie sucht nach einem geeigneten Gesprächspartner, möchte allerdings das direkte Gespräch mit Herrn Thüne vorerst meiden. Nennen Sie die bei Problemen zur Verfügung stehenden Ansprechpartner.

b Bestimmen Sie, unter welchen Voraussetzungen sich Melanie an die JAV wenden könnte.

FK → TAF 11.1 | Kap. 8

Leistungsbewertung in Schule und Betrieb

Situation

Marco, Ivana, Daniel und Anna besuchen gemeinsam die Fachoberschule. Morgen sollen die Noten für das TAF 11.1 besprochen werden. Ihr Lehrer Herr Schulze hat die Schüler dazu aufgefordert, sich bis morgen zu überlegen, welche Note sie sich selbst erteilen und wie sie dies begründen würden.

Marco, Ivana, Daniel und Anna diskutieren in der Pause. Sie haben unterschiedliche Ansichten, wer welche Note verdient hat. Sie haben während der Diskussion beschrieben, welche einzelnen Aspekte sie bei sich oder den anderen wichtig fanden.

Marco: Er fehlte an 4 von 20 Tagen, davon sind 2 Tage wegen Krankheit und 2 Tage aus privaten Gründen entschuldigt. Er erledigte seine Hausaufgaben regelmäßig und führte seinen Ordner gewissenhaft. Marco beteiligte sich wenig am Unterricht und die Beiträge waren qualitativ oft nicht so gut. Das Ergebnis der Klassenarbeit war „gut". Er war eher still und zurückhaltend, aber sehr hilfsbereit.

Ivana: Sie fehlte an 10 von 20 Tagen, alle Tage sind wegen eines längeren Krankenhausaufenthalts entschuldigt. Sie arbeitete den Unterrichtsstoff selbstständig nach, beteiligte sich jedoch wenig am Unterricht. Das Ergebnis der Klassenarbeit war „sehr gut". Sie suchte wenig Kontakt zu den Mitschülern.

Daniel: Er fehlte an 6 von 20 Tagen, davon sind 2 Tage wegen Krankheit entschuldigt. Er war häufig unpünktlich, hatte selten seine Hausaufgaben, beteiligte sich regelmäßig am Unterricht, gilt als „Schwätzer", viele Beiträge waren jedoch sehr gut und er kann sehr gut präsentieren. Er spielte oft den Klassenclown. Das Ergebnis der Klassenarbeit war „befriedigend".

Anna: Sie fehlte nie, versuchte ihre Hausaufgaben zu erledigen, beteiligte sich regelmäßig am Unterricht, die Beiträge waren aber eher schwach. Sie war Klassensprecherin, kümmerte sich um ihre Mitschüler und organisierte gut. Das Ergebnis der Klassenarbeit war „ausreichend".

Arbeitsaufträge

1. Recherchieren Sie die Rechtsgrundlagen für die Leistungsbewertung in der Fachoberschule und notieren Sie diese stichpunktartig.
2. Nennen Sie Kriterien, die Sie für die Bewertung der vier Schüler wichtig finden. Übertragen Sie die Kriterien anschließend in die Tabelle in Arbeitsblatt 9.1.
3. Suchen Sie aus dem Text die zu den einzelnen Kriterien passenden Informationen für Marco, Ivana, Daniel und Anna heraus.
4. Die Kriterien müssen nicht alle gleich wichtig sein. Nehmen Sie eine Gewichtung Ihrer Kriterien vor. Verteilen Sie dazu in der Summe 10 Punkte auf die einzelnen Kriterien entsprechend ihrer Bedeutung für die Notenfindung.
5. Entscheiden Sie jeweils, welche Note Sie anhand der Kurzbeschreibung für angemessen halten. Erläutern Sie Ihre Entscheidungen.

Arbeitsblatt 9.1 | Leistungsbewertung

Notenkriterium	Gewichtung	Marco	Ivana	Daniel	Anna
Zeugnisnote	10 Punkte				

Arbeitsblatt 9.2 | Arbeitszeugnis

Formulierungen in Arbeitszeugnissen wirken auf ungeübte Leser zunächst verwirrend. Dennoch ist es sinnvoll, sich einige der typischen Formulierungen genauer anzusehen, damit Sie künftige Arbeitszeugnisse besser beurteilen können.

a Ordnen Sie den in der Tabelle folgenden Zeugnisformulierungen jeweils eine Note zwischen 1 und 6 zu.
b Erstellen Sie aus den unten stehenden Textbausteinen ein Arbeitszeugnis, das einer guten Leistungsbeurteilung entspricht.

		1	2	3	4	5	6
1	Er hat sich bemüht, die ihm übertragenen Arbeiten zu unserer Zufriedenheit zu erledigen.						
2	Sein Verhalten zu Kunden, Vorgesetzten und Mitarbeitern war jederzeit vorbildlich.						
3	Seine Leistungen fanden stets unsere volle Zufriedenheit.						
4	Er hat die ihm übertragenen Aufgaben zu unserer Zufriedenheit erledigt.						
5	Die Aufgaben führte er immer äußerst selbstständig, effizient und sorgfältig aus.						
6	Er war bereit, die geforderten Aufgaben zu erfüllen.						
7	Er hat die ihm übertragenen Arbeiten immer zu unserer vollsten Zufriedenheit erledigt.						
8	Sein Verhalten gegenüber Vorgesetzten, Mitarbeitern und Kollegen war vorbildlich.						
9	Er zeigte stets von sich aus Eigeninitiative und Einsatzbereitschaft.						
10	Die Aufgaben wurden zu unserer Zufriedenheit ausgeführt.						
11	Sein Verhalten gegenüber Mitarbeitern und Kunden war zufriedenstellend.						
12	Er verfügt über gute DV-Kenntnisse.						
13	Er hat sich stets sehr schnell und selbstständig in neue Sachverhalte eingearbeitet.						
14	Sein Verhalten gegenüber Vorgesetzten, Mitarbeitern und Kunden war gut.						
15	Er war in der Lage, die anfallenden Arbeiten zu bewältigen.						
16	Er hat sich stets gut in neue Sachverhalte eingearbeitet.						
17	Er war stets pünktlich.						
18	Wir bedauern sein Ausscheiden und danken ihm für seine hervorragende Arbeit. Für seinen weiteren Berufs- und Lebensweg wünschen wir ihm alles Gute und weiterhin viel Erfolg.						
19	Wir danken ihm für seine gute Mitarbeit und wünschen ihm alles Gute für seine Zukunft.						
20	Wir danken ihm für seine Unterstützung und wünschen ihm alles Gute.						

Aufgaben

Aufgabe 1
Man unterscheidet bei der Leistungsbewertung zwischen sachlichen, sozialen und individuellen Bezugsnormen. Zeigen Sie auf, welche zwei Bezugsnormen in Ihrer Tabelle (Arbeitsblatt 9.1) zum Ausdruck kommen.

Aufgabe 2
Erläutern Sie den Unterschied zwischen „Leistungsvermögen" und „Leistungsbereitschaft".

Leistungsvermögen	Leistungsbereitschaft

Aufgabe 3
Nehmen Sie Stellung zu der folgenden Aussage: „Noten helfen den Schülern, ihre Stärken und Schwächen wahrzunehmen und so ein realistisches Selbstbild aufzubauen. Gute Noten motivieren, den Erfolg zu halten oder zu steigern; schlechte Noten sollen motivieren, Defizite auszugleichen."

Aufgabe 4
Diskutieren Sie, worin für Ihre Lehrer die größten Probleme bei der Leistungsbewertung bestehen könnten.

Aufgabe 5
Erörtern Sie, welche zwei Fähigkeiten Sie für entscheidend halten, um in Ihrem Praktikumsbetrieb ein gelungenes Praktikum zu absolvieren.

Aufgabe 6
Beschreiben Sie Ihre Stärken und Ihre Schwächen im Praktikum.

Aufgabe 7
Nennen Sie Gründe für die „Verklausulierung" von Arbeitszeugnissen.

Ich kann ...	Kann ich	Kann ich nicht
Organisation des Praktikums		
1. ... einen Praktikumsplan verstehen und mit den Tätigkeiten im Betrieb in Verbindung bringen.		
2. ... Praktikumsberichte gliedern und mit Inhalten meiner Praktikumstätigkeit füllen.		
3. ... direkt wie auch indirekt zitieren.		
Rechtliche Regelungen von Praktika		
1. ... die Rechte und Pflichten eines Praktikumsbetriebes und eines Praktikanten erörtern.		
2. ... Arbeits- und Ruhezeiten anhand der entsprechenden gesetzlichen Grundlagen überprüfen.		
3. ... Urlaubsansprüche anhand der entsprechenden gesetzlichen Grundlagen für jedes Alter überprüfen.		
4. ... die vielfältigen rechtlichen Regelungen zum Kündigungsschutz erörtern.		
Strukturen des Praktikumsbetriebes		
1. ... die behandelten Organisationsformen voneinander unterscheiden und den eigenen Praktikumsbetrieb schlüssig einordnen.		
2. ... die Leistungsangebote meines Praktikumsbetriebes darstellen und den Betrieb in die Bereiche Industrie, Handel oder Dienstleistung einordnen.		
Datensicherheit und Datenschutz		
1. ... die zwingende Notwendigkeit von Datenschutz für Unternehmen wie auch für Privatpersonen erörtern.		
2. ... die möglichen Folgen abschätzen, die sich aus unbedachten Einträgen und „unvorteilhaften" Fotos in sozialen Netzwerken für mich ergeben können.		
Aufbau der Schule und schulische Gremien		
1. ... die Gremien meiner Schule nennen und deren Funktionen erklären.		
Strategien der Konfliktbewältigung/Ansprechpartner in Schule und Betrieb		
1. ... Konflikte erkennen und die betroffenen Ebenen voneinander abgrenzen.		
2. ... in Konflikten konstruktive Lösungsansätze entwickeln oder zumindest einen passenden Ansprechpartner in Schule und Betrieb nennen.		
Leistungsbewertung in Schule und Betrieb		
1. ... die Grundlagen der Leistungsbewertung in der Schule nachvollziehen und darstellen.		
2. ... die Grundlagen der Leistungsbewertung im Praktikumsbetrieb nachvollziehen und darstellen.		
3. ... überprüfen, was die Aussagen in „verklausulierten" Arbeitszeugnissen bedeuten.		
Reflexion von Praktikumserfahrungen		
1. ... die unterschiedlichen Ziele und Methoden der Reflexion erklären.		
2. ... die im Praktikum gemachten Erfahrungen reflektieren, einordnen und für Dritte nachvollziehbar niederschreiben.		

FK → TAF 11.2 | Kap. 1.1 und 1.2

Bezugsquellenermittlung und Anfrage

Von: Evelyn Fee
An: Ann-Kathrin Nemitz-Müller
Betreff: **neue Bezugsquellen für Kettenschaltungen**

Liebe Frau Nemitz-Müller,

die DAX AG teilt uns heute Preiserhöhungen für Kettenschaltungen mit (siehe beiliegendes Schreiben). Die neuen Preise entsprechen bei Weitem nicht mehr unseren geplanten Einstandspreisen. Bitte holen Sie für eine vorgesehene Bestellung bei weiteren infrage kommenden Lieferanten Angebote ein.

Viele Grüße

A. Fee

DAX AG
Düsseldorf

DAX AG ▪ Rudolf-Diesel-Str. 25 ▪ 47424 Düsseldorf

Fly Bike Werke GmbH
Rostocker Str. 334
26121 Oldenburg

Posteingang: *12.09.20XX*

Ihr Zeichen, Ihre Nachricht vom	Unser Zeichen, unsere Nachricht vom	Telefon, Name	Datum
	sas	0211 8017326 Herr Sachse	11.09.20XX

Preisänderung

Sehr geehrte Damen und Herren,

aufgrund der gestiegenen Metallpreise auf dem Weltmarkt müssen wir ab sofort die Preise für unsere Erzeugnisse erhöhen:

Artikel-Nr.	Artikelbezeichnung	neuer Preis pro Einheit
10110	Trekking-TR-Antrieb Kettenschaltung	40,00 €

Unsere Liefer- und Zahlungsbedingungen sind unverändert geblieben. Wir bitten um Ihr Verständnis und hoffen auf weitere gute Zusammenarbeit.

Mit freundlichen Grüßen

DAX AG

i.A. *P. Sachse*

Arbeitsaufträge

1 Ermitteln Sie mithilfe des Lieferantenverzeichnisses auf Seite 12 weitere infrage kommende Lieferanten für die benötigten Kettenschaltungen.

2 Nennen Sie Möglichkeiten, um außerhalb des eigenen Unternehmens Bezugsquellen zu finden.

3 Formulieren Sie eine Anfrage über 1100 Kettenschaltungen an einen Lieferanten Ihrer Wahl. Verwenden Sie ein Textverarbeitungsprogramm und beachten Sie die DIN 5008.

FK → TAF 11.2 | Kap. 1.3 bis 1.5

Angebot und Angebotsvergleich

Situation

Für die dringend benötigten Kettenschaltungen sind inzwischen drei Angebote von verschiedenen Herstellern in der Einkaufsabteilung der Fly Bike Werke GmbH angekommen.

Von: Oliver Thüne
An: Ann-Kathrin Nemitz-Müller
Betreff: **Anbebote Kettenschaltungen**

Liebe Frau Nemitz-Müller,

die von Ihnen ermittelten Hersteller, die als neue Lieferanten von Kettenschaltungen infrage kommen, haben mir inzwischen Angebote vorgelegt. Bitte prüfen Sie, welcher am preisgünstigsten anbietet. Anbei die uns unterbreiteten Konditionen.

Angebot 1:
Die Tamino Inc., Japan, bietet Kettenschaltungen zum Listenpreis von 30,00 € an. Bei einer Bestellung bis 1000 Schaltungen bietet dieser Hersteller 10 % Mengenrabatt. Bei einer Bestellung über 1000 Schaltungen erhöht sich der Rabatt auf 12 %. Geliefert wird frei Hafen Hamburg. Der deutsche Zoll erhebt einen Einfuhrzoll in Höhe von 5 % auf den Rechnungsbetrag. Die Transportkosten einer Spedition vom Freihafen zur Fabrik betragen 3.000,00 €. Der Anbieter gewährt Skonto in Höhe von 2 % auf den Rechnungsbetrag, wenn die Zahlung innerhalb von 8 Tagen erfolgt.

Angebot 2:
Der deutsche Hersteller Fox KG bietet Kettenschaltungen zum Listenpreis von 38,00 € an. Fahrradhersteller erhalten grundsätzlich 20 % Herstellerrabatt und 3 % Skonto bei Zahlung innerhalb von 10 Tagen nach Rechnungseingang. Verpackungskosten 5,00 € je 100 Kettenschaltungen. Bei Lieferung frei Empfängerbahnhof entstehen Transportkosten (Rollgeld Abfuhr) in Höhe von 250,00 €.

Angebot 3:
Der italienische Produzent Tutto Bici S.A. bietet Kettenschaltungen zum Preis von 31,00 € an. Bei der gegebenen Absatzmenge gewährt er 5 % Mengenrabatt und 2 % Skonto bei Zahlung innerhalb von 8 Tagen. Die Schaltungen befinden sich in einem Auslieferungslager in Deutschland. Für die Anlieferung an den Produktionsort des Herstellers berechnet er eine Frachtpauschale in Höhe von 2 % auf den Zieleinkaufspreis.

Beste Grüße

Oliver Thüne

Arbeitsauftrag

1 Berechnen Sie zunächst den preisgünstigsten Anbieter. Nutzen Sie dazu das Arbeitsblatt 11.1 oder ein Tabellenkalkulationsprogramm.

Arbeitsblatt 11.1 | Quantitativer Angebotsvergleich

	A	B	C	D	E	F	G
1	**Artikel Nr.**			**Artikelbezeichnung**			
2	**Menge**			**Einheit**			
3	**Lieferant**						
4	**Listeneinkaufspreis**	%	Betrag	%	Betrag	%	Betrag
5		Einzelpreis		Einzelpreis		Einzelpreis	
6		Gesamtpreis		Gesamtpreis		Gesamtpreis	
7	**– Lieferantenrabatt**						
8	**= Zieleinkaufspreis (=Warennettowert)**						
9	**– Lieferantenskonto**						
10	**= Bareinkaufspreis**						
11	**+ Bezugskosten**						
12	**= Bezugspreis/Einstandspreis**						
13	**Sonstiges**						
14	**günstigster Lieferant**						
15	Datum			Sachbearbeiter			

Folgesituation

Auf der Suche nach einem neuen Lieferanten für Kettenschaltungen führt Frau Nemitz-Müller nach dem quantitativen nun auch einen qualitativen Angebotsvergleich durch. Dazu hat sie zunächst die relevanten Informationen aus der Lieferantendatei ausgedruckt:

Auszug aus der Lieferantendatei der Fly Bike Werke GmbH:

Lieferant	Besondere Vorkommnisse
Tamino Inc.	Es lagen insgesamt vier Bestellungen vor. Bei der Bestellung vom 29.01.20XX konnte der Termin trotz vorliegender Auftragsbestätigung und mehrfacher Mahnung nicht eingehalten werden. Es musste ein Deckungskauf bei einem anderen Lieferanten vorgenommen werden, um unseren eigenen Lieferverpflichtungen nachkommen zu können. Im Gegenzug gewährte uns der Lieferant bei der folgenden Bestellung einen Sonderrabatt. Bei den anderen Bestellungen gab es keine besonderen Vorkommnisse.

In der letzten Ausgabe der Fachzeitschrift „Bike & More" fand Frau Nemitz-Müller zudem den folgenden Artikel:

Qualitätszertifizierung bei Fox

SIEGBURG - Die Fox KG, mittelständischer Zulieferer der Zweiradindustrie, ist seit längerem um Qualitätssicherung bemüht – und das mit Erfolg: Die Qualitätssicherungsmaßnahmen des Unternehmens wurden jetzt durch das Zertifikat eines unabhängigen Prüfers nach DIN ISO 9000 ff. belohnt.

„Auch unsere Kunden werden zunehmend zu qualitätsbewussten Einkäufern und verlangen die Einhaltung höchster Qualitätsanforderungen – und das zu Recht. Sie wollen nach Möglichkeit schon im Vorfeld sichergehen, dass sie qualitativ hochwertige Produkte fertigen können", so der Geschäftsführer der Fox KG, Hartmut Lindenbaum. „Um uns als Zulieferer auch längerfristig behaupten zu können, war die Zertifizierung nach der ISO 9000-Norm nur die logische Konsequenz. Qualitätssicherung kostet zwar viel Geld, ist in Zeiten eines verschärften Wettbewerbes aber absolut notwendig."

Damit demonstriert die Fox KG einmal mehr ihre Bemühungen, als ernst zu nehmender Mitbewerber wahrgenommen zu werden. Vor allem im Segment Kettenschaltungen, die höchste Qualitätsansprüche erfüllen müssen, will die Fox KG auch in diesem Jahr ihre Marktanteile ausbauen. Das Qualitätszertifikat dürfte hierfür ein Schritt in die richtige Richtung sein

Arbeitsauftrag

1 Erstellen Sie unter Berücksichtigung der vorliegenden Informationen einen qualitativen Angebotsvergleich für die drei infrage kommenden Anbieter. Nutzen Sie dazu das Arbeitsblatt 11.2.

Arbeitsblatt 11.2 | Qualitativer Angebotsvergleich

Kriterien	Gewichtungs-faktor	Leistung des Lieferanten ______		Leistung des Lieferanten ______		Leistung des Lieferanten ______	
		Punkte	Punkte · Faktor	Punkte	Punkte · Faktor	Punkte	Punkte · Faktor
Preis							
Qualität der Ware							
Lieferfrist							
Termintreue							
Verhalten bei Reklamationen							
Gesamtwert							

Bewertungsschlüssel:
Ausgangspunkt für die Bewertung ist die Normalpunktzahl (5). Sie ist immer dann zu vergeben, wenn keine Informationen vorliegen bzw. sich im Rahmen der Geschäftsbeziehungen keine Besonderheiten ergaben. Bei positiven Beobachtungen erfolgt eine Aufwertung bis zur maximalen Punktzahl 9, bei negativen Beobachtungen erfolgt eine Abwertung bis zur minimalen Punktzahl 1.

Aufgabe 1

Herr Kohler, Einkäufer der Technologies GmbH, benötigt kurzfristig 120 elektronische Bauteile zum 03.01. Ihm liegen folgende Angebote vor:

Angebot 1
Electronics KG
Stückpreis 12,20 €,
3 % Rabatt ab 100 Stück,
2 % Skonto

Angebot 2
Unix GmbH
Stückpreis 12,00 €,
2 % Rabatt ab 150 Stück,
2 % Skonto

Angebot 3
Schneider & Co. KG
Stückpreis 11,80 €,
2 % Rabatt,
1 % Skonto

Angebot 4
Kinsel OHG
Stückpreis 11,50 €,
2 % Rabatt ab 200 Stück,
1 % Skonto,
Lieferung frühestens am 07.03.

Zusatzinformationen

Die Zahlungsbedingungen der einzelnen Lieferer lauten:

Electronics KG	2 %, 10 Tage	30 Tage netto
UNIX GmbH	2 %, 20 Tage	30 Tage netto
Schneider & Co. KG	1 %, 7 Tage	20 Tage netto
Kinsel OHG	1 %, 10 Tage	30 Tage netto

Bei allen Lieferern entstehen Frachtkosten in Höhe von 30,00 €, die Schneider & Co. KG berechnet zusätzlich 45,00 € für die Verpackung. Mit der Kinsel OHG könnte ein Fixgeschäft abgeschlossen werden. Alle anderen drei Anbieter behalten sich einen Spielraum beim Liefertermin von bis zu 10 Tagen vor.

Mit der Electronics KG werden schon seit Jahren Geschäfte abgeschlossen. Bei der UNIX GmbH gab es schon dreimal Lieferungsverzüge und zweimal Beanstandungen bei der Qualität der gelieferten Ware. Mit der Schneider & Co. KG und der Kinsel OHG gab es bisher noch keine Geschäftsbeziehungen.

a Berechnen Sie, welches Angebot am preiswertesten ist.

b Nennen Sie weitere Aspekte, die bei der Entscheidung für oder gegen ein Angebot noch berücksichtigt werden sollten.

Aufgabe 2
Da in der Fly Bike Werke GmbH die Materialkosten ca. 50 % der Gesamtkosten ausmachen, soll sich stärker auf die Beschaffungsmarktforschung konzentriert werden, um Kosten der Materialienbeschaffung zu senken.

a Es soll ein neuer Lieferant für Fahrradbeleuchtung gesucht werden. Notieren Sie, auf welche Informationsquellen man bei der Suche zurückgreifen kann.
b Erläutern Sie, welche Informationen benötigt werden, um für einen möglichen Lieferanten eine Bewertung durchführen zu können.

Aufgabe 3
Die Hecht Filterbau AG stellt Wechselfilter für die Automobilproduktion her. Die zur Herstellung benötigten Flachdichtungen werden als Fremdbauteile von Lieferanten bezogen. Der Bedarf an Flachdichtungen wird lt. Beschaffungsplanung für sechs Monate mit 180 000 Stück ermittelt. Aufgrund verschiedener Anfragen und einer Vorauswahl von Angeboten ist einer der beiden nachstehenden Lieferanten auszuwählen:

	Merkle GmbH	Barth KG
Listeneinkaufspreis	8,00 € je 100 Stück	70,00 € je 1000 Stück
Rabatt	– 10 % ab einer Lieferung von 5 000 Stück – 20 % ab einer Lieferung von 150 000 Stück	– –
Zahlungsbedingungen	zahlbar innerhalb von 10 Tagen unter Abzug von 3 % Skonto, 30 Tage Ziel für 180 000 Stück	zahlbar innerhalb von 15 Tagen unter Abzug von 2 % Skonto, 60 Tage Ziel
Lieferungsbedingungen	Transportkosten 150,00 €	frei Haus

a Für welches Angebot sollte das Unternehmen sich entscheiden, wenn ausschließlich nach rechnerischen Gesichtspunkten entschieden wird? Gehen Sie von einem Planungszeitraum von sechs Monaten aus. Begründen Sie Ihre Entscheidung rechnerisch.
b Nennen und beschreiben Sie drei weitere Gesichtspunkte, die bei einem Lieferantenvergleich berücksichtigt werden sollten.

Aufgabe 4
Ein Kunde bezahlt durch Überweisungsauftrag eine Rechnung über 2.500,00 € abzüglich 2 % Skonto. Die Zahlungsbedingungen des Lieferanten lauten: „2 % Skonto bei Zahlung innerhalb von 12 Tagen, netto zahlbar innerhalb von 30 Tagen". Um den Skontoabzug in Anspruch nehmen zu können, müsste der Kunde einen Kredit aufnehmen. Wie viel Zinsen berechnete ihm die Bank (in Euro und in Prozent p. a.), wenn er einen Finanzierungsgewinn von 42,65 € hatte?

Aufgabe 5
Ein Unternehmen bezieht zwei Drehbänke. Die Drehbänke haben folgende Netto-Listenpreise:

- Typ 1: 42.750,00 € (400 kg)
- Typ 2: 80.250,00 € (600 kg)

Auf den Listenpreis erhält der Großhändler 20 % Rabatt; netto 30 Tage/Zahlung innerhalb von 10 Tagen 2 % Skonto. Die Frachtrechnung des Spediteurs beträgt für beide Drehbänke 265,00 € netto. Die Versicherungsprämie beträgt 60,30 €. Beachten Sie die Aufteilung der Frachtkosten nach Gewicht und der Versicherungsprämie nach dem Wert. Berechnen Sie die Bezugspreise für beide Drehbänke.

Aufgabe 6
Für das Modell *Light*/Trekking werden in der Fly Bike Werke GmbH im Rahmen eines Großauftrages Bremsen benötigt. Herr Thüne will im Rahmen einer Nutzwertanalyse eine Lieferantenauswahl vornehmen, um zwischen fünf möglichen Lieferanten den für die Fly Bike Werke GmbH günstigsten auszuwählen.

a Geben Sie eine Definition für die Nutzwertanalyse.
b Entscheiden Sie sich für vier Kriterien, nach denen die Nutzwertanalyse durchgeführt werden soll.
c Welche der von Ihnen ausgewählten Kriterien lassen sich zahlenmäßig ausdrücken, welche nicht?
d Nehmen Sie eine Gewichtung der Kriterien vor.
e Erläutern Sie, was im Rahmen einer Teilnutzenbestimmung festgelegt werden soll.
f Wie wird der für die Fly Bike Werke GmbH günstigste Lieferant gefunden?
g Erläutern Sie zwei Vorteile, die mit der Durchführung einer Nutzwertanalyse verbunden sind.

Aufgabe 7
Ordnen Sie die Begriffe des Kalkulationsschemas den nachfolgenden Beschreibungen zu.

	Preisnachlass für den Rechnungsausgleich innerhalb einer vorgegebenen Frist
	Kosten des Materials (der Ware) bis zum Eingang im Betrieb
	Preis des Lieferers laut Katalog
	Preis, der bei Ausnutzung der Zahlungsfrist für das Material (die Ware) an den Lieferer gezahlt werden muss, wenn kein Einkaufsmittler beauftragt wurde
	Kosten der Lieferung, die der Käufer zu tragen hat (z. B. Verpackungskosten, Transportkosten, Zölle, Versicherungen usw.). Dabei ist es ohne Bedeutung, wer diese Kosten in Rechnung stellt.
	Preis, der bei Zahlung innerhalb der Skontofrist für das Material (die Ware) an den Lieferer gezahlt werden muss, wenn kein Einkaufsmittler beauftragt wurde
	Preisnachlass aus besonderem Anlass oder im Rahmen üblicher Vertragsvereinbarungen

1 = Listeneinkaufspreis, 2 = Liefererrabatt, 3 = Zieleinkaufspreis, 4 = Liefererskonto, 5 = Bareinkaufspreis, 6 = Bezugskosten, 7 = Einstandspreis/Bezugspreis

Aufgabe 8
Führen Sie einen quantitativen Angebotsvergleich für 2000 m Stahlrohr durch.

Lieferant	Frankenstahl GmbH & Co. KG		Metallwerke GmbH		Mannes AG		Stahlwerke Tissen AG	
	In %	In €	In %	In €	In %	In €	In %	In €
Listeneinkaufspreis pro m		3,50		3,00		2,89		2,80
Einkaufsmenge		2000 m		2000 m		2000 m		2000 m
Listeneinkaufspreis der Einkaufsmenge								
Lieferantenrabatt	20		15		12,5		10	
Zieleinkaufspreis (Warennettowert)								
Lieferantenskonto	5		2		2,5		3	
Bareinkaufspreis								
Bezugskosten (vom Zieleinkaufspreis)	7		0		4		2	
Bezugspreis der Einkaufsmenge								
Bezugspreis pro m								

Lernsituation 12

FK →TAF 11.2 | Kap. 2 (Wiederholung Kap. 1.4, 1.6)

Auftragsbearbeitung

Situation

In der Vertriebsabteilung der Fly Bike Werke GmbH ging heute Morgen folgende Anfrage eines Kunden, der Bike GmbH aus Magdeburg, ein.

BIKE
GMBH

Bike GmbH Leipziger Chaussee 12 39118 Magdeburg

Posteingang: *15.11.20XX*

Fly Bike Werke GmbH
Rostocker Str. 334
26121 Oldenburg

Ihr Zeichen, Ihre Nachricht vom	Unser Zeichen, unsere Nachricht vom	Telefon, Name	Datum
	gsch/bbil	0391 509061 Herr Gründel	13.11.20XX

Anfrage

Sehr geehrte Damen und Herren,

wir beabsichtigen, unser Sortiment um hochwertige Rennräder zu erweitern. Da unsere Kundschaft hauptsächlich aus ambitionierten Hobby-Radrennfahrern besteht, sollte es sich um qualitativ konkurrenzfähige Räder handeln.

Wir bitten Sie, uns ein entsprechendes Angebot zu unterbreiten.

Mit freundlichen Grüßen

i.A. *Gründel*

Gründel

Arbeitsaufträge

1 Erläutern Sie, welche Überlegungen vor Abgabe eines Angebotes durch die Fly Bike Werke GmbH angestellt werden müssen.

2 Erstellen Sie ein schriftliches Angebot. Nutzen Sie dazu Preisliste und Rabattstaffel der Fly Bike Werke GmbH und beachten Sie die Vorgaben der DIN 5008 sowie Absatz (3) der Allgemeinen Geschäftsbedingungen der Fly Bike Werke GmbH (Lernsituation 13, Seite 60).

Auszug aus der Preisliste der Fly Bike Werke GmbH:

Artikel Nr.	Bezeichnung	UVP €
401	Renn Fast	1.260,00
402	Renn Superfast	2.205,00

Rabattstaffel der Fly Bike Werke GmbH:

Rabattstaffel	
Stückzahl	**Rabatt**
1–10	27,5 %
11–50	29,0 %
51–100	30,0 %
101–250	31,0 %
251–500	32,0 %
>500	33,0 %

Folgesituation 1

Nach sechs Tagen geht folgende Bestellung per Brief ein:

BIKE
GMBH

Bike GmbH Leipziger Chaussee 12 39118 Magdeburg

Fly Bike Werke GmbH
Rostocker Str. 334
26121 Oldenburg

Posteingang: *21.11.20XX*

Ihr Zeichen, Ihre Nachricht vom	Unser Zeichen, unsere Nachricht vom	Telefon, Name	Datum
	gsch/bbil	0391 509061 Herr Gründel	19.11.20XX

Bestellung Nr. 101b

Sehr geehrte Damen und Herren,

vielen Dank für Ihr Angebot. Wir bestellen hiermit:

30 Rennräder Modell Renn Fast, Art. 401, zum Preis von 882,00 €/Stück
30 Rennräder Modell Renn Superfast, Art. 402, zum Preis von 1.543,50 €/Stück

Sollten sich die Rennräder gut verkaufen, werden wir bei der nächsten Bestellung eine größere Menge ordern.

Mit freundlichen Grüßen

i. A. *Gründel*

Gründel

Arbeitsaufträge

1 Begründen Sie, ob mit der Bestellung ein rechtskräftiger Kaufvertrag zustande gekommen ist.

2 Entscheiden Sie unter Rückgriff auf die von der Fly Bike Werke GmbH übersandten Konditionen (siehe Arbeitsauftrag 2 auf Seite 52), wie sie auf die Bestellung des Kunden reagieren sollte. Verfassen Sie ein entsprechendes Schreiben.

3 Erstellen Sie – unabhängig von Ihrer Entscheidung in Arbeitsauftrag 2 – den Lieferschein und die Rechnung unter der Annahme, dass ein Kaufvertrag zustande gekommen ist und eine Lieferung an die Bike GmbH erfolgt. Beachten Sie die AGB der Fly Bike Werke GmbH auf Seite 60.

FBW GmbH • Rostocker Str. 334 • 26121 Oldenburg

Fly Bike Werke GmbH

Lieferschein Nr.

Bearbeiter	Kundennummer	Ihre Bestellung Nr.	vom	Versanddatum

Versandart/Freivermerk	Verpackungsart	

Pos.-Nr.	Artikel-Nr.	Warenbezeichnung	Menge	Mengeneinheit
		Ware erhalten Ort, Datum, Unterschrift		

FBW GmbH • Rostocker Str. 334 • 26121 Oldenburg

Fly Bike Werke GmbH

Rechnung Nr.

Bearbeiter	Kundennummer	Ihre Bestellung Nr.		vom	Rechn. Datum

Versandart/Freivermerk	Verpackungsart	geliefert am:

Pos.-Nr.	Artikel-Nr.	Warenbezeichnung	Menge	Preis/Einheit €	Gesamtpreis €
		+19 % Umsatzsteuer			
		Bruttorechnungsbetrag			

Bitte überweisen Sie unter Angabe der Rechnungsnummer

€	bis	oder €	bis

Folgesituation 2

Montagmorgen in der Fly Bike Werke GmbH, 16. April 20XX: Die Auszubildende, Frau Lotto, öffnet folgende E-Mail in ihrem Posteingang.

Von: Regula Gerland
An: Bettina Lotto
Betreff: EDV-Ausfall

Liebe Frau Lotto,

seit heute Morgen, 07:15 Uhr, streikt in unserem ERP-System das Fakturierungs-Modul. Bis 10:00 Uhr müssen dringend drei Großaufträge ausgeliefert werden. Bitte unterstützen Sie Herrn Baumann und schreiben Sie drei Ausgangsrechnungen. In der Anlage finden Sie als Vorlage unsere Standard-Rechnung.

Hier die Auftragsdaten:

- Rechnung/Lieferschein Nr. 214, Kunden-Nr. 10002, Bestellung Nr. 16 vom 10.04.20XX, 100 Stück Artikel Nr. 101, 50 Stück Artikel Nr. 202
- Rechnung/Lieferschein Nr. 215, Kunden-Nr. 10006, Bestellung Nr. 17 vom 10.04.20XX, 45 Stück Artikel Nr. 302, 100 Stück Artikel Nr. 703 L aus unserer Sonderaktion zum Preis von 49,95 € abzüglich 30 % Rabatt
- Rechnung/Lieferschein Nr. 216, Kunden-Nr. 10009, Bestellung Nr. 18 vom 11.04.20XX, 200 Stück Artikel Nr. 501

Die fehlenden Angaben entnehmen Sie bitte unseren Kunden- und Artikelstammdaten. Unsere übrigen Konditionen kennen Sie ja.

Die fertigen Rechnungen legen Sie bitte Herrn Baumann zur Überprüfung und Unterschrift vor. Herr Baumann wird auch die Lieferscheine erstellen und alles an den Versand weiterleiten. Nicht vergessen: Je eine Kopie der Rechnungen senden Sie bitte an Frau Taubert in der Buchhaltung!

Ich hoffe, Frau Lai bekommt das EDV-Problem schnell in den Griff.

Mit besten Grüßen

Regula Gerland

Anlagen: Rechnungsformular.xls

Anlage zu der E-Mail: Rechnungsformular der Fly Bike Werke GmbH vgl. Seite 56

Arbeitsaufträge

1 Erstellen Sie für Frau Lotto die Ausgangsrechnungen. Verwenden Sie hierfür ein Tabellenkalkulationsprogramm. Beachten Sie bitte die folgenden Arbeitsschritte:

a Legen Sie in Ihrem Tabellenkalkulationsprogramm ein Rechnungs-Formular an. Beachten Sie die Vorgaben von Seite 56.

b Übertragen Sie für die erste Rechnung alle Auftragsdaten, die Sie der Email entnehmen können. Weitere Angaben finden Sie in den Kundenstammdaten auf Seite 11 sowie in den Informationen zur Fly Bike Werke GmbH auf Seite 8.

c Führen Sie die Berechnungen durch. Verwenden Sie im Tabellenkalkulationsprogramm nach Möglichkeit Formeln. Beachten Sie insbesondere die Rabattstaffel der Fly Bike Werke (Seite 52) sowie die Zahlungsbedingungen (2 % Skonto 8 Tage, 30 Tage Ziel). Bei den vorliegenden Auftragsvolumina liefert die Fly Bike Werke GmbH frei ab Werk.

d Kopieren Sie die erste Rechnung in ein neues Tabellenblatt. Legen Sie dort die zweite Rechnung an. Die dritte Rechnung erstellen Sie bitte ebenfalls in einem neuen Tabellenblatt. Speichern Sie Ihre Arbeitsmappe ab.

Rechnungsformular der Fly Bike Werke GmbH:

◇	A	B	C	D	E	F	G	H	I
1									
2					Fly Bike Werke GmbH				
3									
4		FBW GmbH Rostocker Str. 334 26121 Oldenburg							
5									
6							Kunden-Nr.		
7							Bestellung-Nr.		
8							Bestell-Datum		
9							Lieferschein-Nr.		
10							Liefer-Datum		
11							Herr Baumann	Tel. 0441 885-0	
12									
13									
14		Rechnung-Nr.					Datum		
15									
16									
17		Artikel-	Artikel-Bezeichnung		Stück	Einzelpreis	Rabatt	Gesamtpreis	
18		Nr.				in €	in %	in €	
19									
20									
21									
22									
23									
24									
25									
26									
27									
28									
29									
30									
31									
32									
33									
34		Versandart Freivermerk					Nettorechnungsbetrag in €		
35		Lkw ab Werk					zuzgl. 19 % Umsatzsteuer in €		
36							Bruttorechnungsbetrag in €		
37									
38		Bitte überweisen Sie:		Datum		Skonto in %	Skonto in €	Gesamtbetrag in €	
39		innerhalb der Skontofrist bis							
40		innerhalb des Zahlungsziels bis							
41									
42		Geschäftsführer	Bankverbindungen						
43		Hans Peters	Deutsche Bank AG		Landessparkasse		Fax	Finanzamt 2364	
44			Oldenburg		Oldenburg		0441 885-9211	Oldenburg	
45		HR Oldenburg	BLZ 280 700 57		BLZ 280 501 00		Email	Steuer-Nr. 11288700057	
46		B2134	Kto Nr. 2114253666		Kto Nr. 1123264444		mail@flybike.de	USt.-Id.-Nr. DE 236667691	
47									
48									

2 Im Rahmen der buchhalterischen Bearbeitung eines Auftrages ist einiges zu beachten.

a Skizzieren Sie die nächsten Schritte der Auftragsbearbeitung, nachdem die Rechnung erstellt wurde.

b Erklären Sie, warum Frau Taubert in der Buchhaltung Kopien dieser Rechnungen benötigt.

c Schildern Sie die weiteren Teilprozesse bei der abschließenden Bearbeitung dieser Kundenaufträge.

Arbeitsblatt 12.1 | Schriftstücke bei der Auftragsabwicklung

Welche Schriftstücke werden nachfolgend beschrieben?

Bezeichnung	Inhalt des Schriftstückes
	Mit diesem Schriftstück fordert der Verkäufer den Käufer auf, den vereinbarten Kaufpreis zu zahlen.
	Dieses Schriftstück begleitet die Ware zum Käufer; es listet unter anderem auf, welche Waren diese Lieferung beinhaltet.
	Mit diesem Schriftstück fragt der Käufer unverbindlich den Verkäufer, ob und ggf. unter welchen Bedingungen dieser eine Ware zu liefern bereit wäre.
	Dieses Schriftstück erstellt der Käufer, wenn er bereit ist, eine Ware beim Verkäufer zu kaufen.
	Der Verkäufer teilt dem Käufer mit, dass er die Waren liefern wird.
	Hiermit teilt der Verkäufer dem Käufer mit, unter welchen Bedingungen er bereit ist, eine bestimmte Ware an den Käufer zu liefern.

Tragen Sie die Schriftstückart in der richtigen Reihenfolge ein und kennzeichnen Sie durch einen Pfeil, wer das Schriftstück jeweils erhält.

Schriftstücke in der richtigen Reihenfolge

Verkäufer (Fly Bike Werke GmbH)

1.

2.

3.

4.

5.

6.

Käufer (Bike GmbH)

Aufgaben

Aufgabe 1
In einem Schaufenster ist ein Kleid mit 198,00 € ausgezeichnet. Nehmen Sie Stellung dazu, ob der Verkäufer an diesen Preis gebunden ist, wenn es sich um einen Auszeichnungsfehler handelt und das Kleid eigentlich 298,00 € kostet.

Aufgabe 2
Nachdem ein Hersteller eine Preisliste an Kunden verschickt hat, stellt er fest, dass es sich nicht um die aktuelle Preisliste, sondern um die des Vorjahres handelt. Bis wann muss er sein Angebot widerrufen?

Aufgabe 3

	rechtswirksames Angebot?		
	ja	nein	Begründung
a Schaufensterauslage	☐	☐	
b zugesendete Ware ohne Aufforderung	☐	☐	
c Vorlage von Ware in einem Geschäft	☐	☐	

Aufgabe 4
In einem Katalog werden drei Bücher für insgesamt 19,00 € angeboten. Ein Kunde bestellt die Bücher zu 17,00 €.

a Untersuchen Sie, ob ein Kaufvertrag zustande kommt.
b Beschreiben Sie die Rechtslage, wenn die Bücher zu 17,00 € geliefert werden.

Aufgabe 5
Ein Großhandelsunternehmen bestellt auf ein bis zum 30. Juni gültiges Angebot eines Lieferers erst am 4. Juli, da sich der zuständige Sachbearbeiter im Krankenhaus befand. Nehmen Sie Stellung dazu, ob der Lieferant an sein Angebot gebunden ist.

Aufgabe 6
Erläutern Sie, wie lange der Anbietende an seinen Antrag gebunden ist und wie er diese Gebundenheit an sein Angebot ausschließen kann.

Aufgabe 7
Ein Käufer in Hannover erhält von dem Verkäufer die Mitteilung „Gerichtsstand und Erfüllungsort ist München." Erklären Sie, was dies für den Käufer bedeutet.

Aufgabe 8
Nennen Sie drei Auswirkungen der Warenschuld bei folgender vertraglicher Vereinbarung: „Erfüllungsort und Gerichtsstand für beide Teile ist der Niederlassungsort des Käufers."

Aufgabe 9
Unterscheiden Sie die Vertragsklauseln „frei" und „unfrei".

Aufgabe 10
Nennen Sie die Regelungen, die für Transportkosten in Ihrem Praktikumsbetrieb gelten. Begründen Sie, warum bei einzelnen Lieferern bzw. Kunden unterschiedliche Regelungen getroffen werden.

Aufgabe 11
Stellen Sie dar, wonach sich bei Verträgen der Erfüllungsort richtet und was durch diesen festgelegt wird.

Aufgabe 12
Erörtern Sie, aus welchem Grund der Gesetzgeber für verschiedene Rechtsgeschäfte Formvorschriften verankert hat.

Aufgabe 13
Erklären Sie, wie in den folgenden Fällen ein Kaufvertrag zustande kommt, indem Sie den jeweiligen Handlungen des Verkäufers und des Käufers die Begriffe Antrag und Annahme zuordnen.

a Frau Löchel, Verkäuferin in der Spielwarenabteilung eines Warenhauses, bietet in einem Verkaufsgespräch einer Kundin das Mucky Dreirad für 89,90 € an. Die Kundin antwortet: „Ja, ich nehme das Dreirad.“

b Konstantin Romanos, Einkäufer bei der BESKA GmbH, bestellt bei der Fly Bike Werke GmbH 10 Mountainbikes. Die Fly Bike Werke GmbH liefert drei Tage später die Ware an.

Aufgabe 14
Unterscheiden Sie beim Kaufvertrag das Verpflichtungsgeschäft und das Erfüllungsgeschäft. Erklären Sie, wann der Kaufvertrag erfüllt ist.

Aufgabe 15
Kreuzen Sie in der unten stehenden Tabelle die gesetzlich vorgeschriebene Form für das jeweilige Rechtsgeschäft an.

Rechtsgeschäft	formfrei	Schriftform	öffentliche Beglaubigung	notarielle Beurkundung
a Frau Putzig kauft ihren Geschirrspüler auf Raten.	☐	☐	☐	☐
b Karl Protz bezahlt sein neues Motorrad bar.	☐	☐	☐	☐
c Bauer Kohl verkauft einen Acker an seinen Nachbarn.	☐	☐	☐	☐
d Martin Stift schließt mündlich einen Ausbildungsvertrag ab.	☐	☐	☐	☐
e Onkel Ludwig setzt sein Testament auf.	☐	☐	☐	☐
f Frau Schenker verspricht, dass sie ihrem Neffen zu seinem 18. Geburtstag 10.000,00 € schenken wird.	☐	☐	☐	☐

Aufgabe 16
Überprüfen Sie im Rahmen der Vertragsfreiheit folgende Fälle und begründen Sie Ihre Ansicht mit den Aspekten Abschlussfreiheit oder Abschlusszwang.

	ja	nein
a Herr Schmolke interessiert sich für einen Kerzenständer. Der Verkäufer weigert sich aber, Herrn Schmolke den Kerzenständer zu verkaufen, mit der Begründung, dass dies sein letztes Exemplar sei. Ist das Verhalten des Verkäufers rechtens? Begründung:	☐	☐
b Ein Apotheker weigert sich, Herrn Schmolke das von ihm benötigte Insulin zu verkaufen. Ist das Verhalten des Verkäufers rechtens? Begründung:	☐	☐
c Herr Schmolke möchte die Wohnung von Herrn Lippert mieten. Dieser weigert sich, an Herrn Schmolke zu vermieten, da dieser Raucher ist. Ist das Verhalten des Vermieters rechtens? Begründung:	☐	☐
d Herr Schmolke hat eine neue Wohnung bezogen und möchte seinen Stromanschluss anmelden. Das Stromunternehmen weigert sich, Herrn Schmolke als Kunden anzunehmen. Ist das Verhalten des Verkäufers rechtens? Begründung:	☐	☐

FK → TAF 11.2 | Kap. 2.4

Allgemeine Geschäftsbedingungen

Allgemeine Geschäftsbedingungen

Fly Bike Werke GmbH

Die folgenden Bedingungen gelten für alle mit uns eingegangenen Rechtsgeschäfte; Abweichungen sind für uns nur bindend, wenn sie schriftlich vereinbart worden sind.

(1) Abschluss des Vertrages
Alle Vereinbarungen bedürfen zu ihrer Wirksamkeit der Schriftform, mündliche Nebenabreden werden nur durch schriftliche Bestätigung für uns verbindlich.
Unsere Angebote sind stets unverbindlich, da wir unsere Liefermöglichkeiten bei Angebotserstellung zeitlich nicht garantieren können. Der Kaufvertrag kommt nur durch unsere Auftragsbestätigung nach rechtsgültiger Bestellung zustande.

(2) Technische Spezifikationen Fahrradprogramm
Für Fahrräder gelten jeweils die Angaben in unseren aktuellen Datenblättern (Typenbezeichnungen, Materialien, Farbangaben usw.). Bauteile, die nicht durch Angabe eines Herstellers und/oder einer Marke genau spezifiziert sind (Weltmarktprodukte), müssen dem Qualitätsstandard des Modells entsprechen.

(3) Lieferungsbedingungen
Wir liefern – wenn nicht Abweichendes vereinbart wurde – stets ab Werk. Die Erzeugnisse und Waren werden in handelsüblicher Verpackung geliefert. Diese Verpackungskosten sind ab einem Warenwert von 1.000,00 € im Preis enthalten; bei geringeren Warenwerten erheben wir eine Verpackungskostenpauschale von 25,00 €. Kundenspezifische Verpackungen – auch bei Beschriftungen/Aufdrucken auf der Transportverpackung – werden gesondert in Rechnung gestellt.

(4) Zahlungsbedingungen
Unsere Rechnungen sind innerhalb von 30 Tagen nach Rechnungsdatum ohne Abzug bzw. innerhalb von 14 Tagen nach Rechnungsdatum mit 2 % Skonto zu bezahlen.
Erfolgt die Zahlung nicht innerhalb der genannten Frist, so sind wir berechtigt, Verzugszinsen in Höhe von 5-%-Punkten über dem Basiszinssatz zu berechnen.
Die gelieferte Ware bleibt so lange unser Eigentum, bis der Käufer alle gegen ihn bestehenden Forderungen beglichen hat. Veräußert der Käufer die Ware, so tritt er schon jetzt die ihm aus dem Verkauf zustehende Forderung an uns ab.

(5) Lieferzeit
Wird ein verbindlich zugesagter Liefertermin von uns nicht eingehalten, so hat der Käufer das Recht, uns eine angemessene Nachfrist für die Lieferung zu setzen. Liefern wir auch innerhalb dieser Nachfrist nicht, dann kann der Käufer schriftlich seinen Rücktritt vom Kaufvertrag erklären; Schadensersatzansprüche stehen ihm nicht zu.
Wird die Lieferung allerdings durch Umstände verzögert, die wir nicht zu vertreten haben, so verlängert sich die Lieferzeit in einem angemessenen Umfang.

(6) Gewährleistung bei mangelhafter Lieferung
Reklamationen können nur anerkannt werden, wenn sie bei offenen Mängeln innerhalb von 14 Tagen nach Erhalt der Ware und bei versteckten Mängeln unverzüglich, spätestens 14 Tage nach Entdeckung schriftlich vorgenommen werden. Transportschäden sind sofort auf den Begleitpapieren zu dokumentieren.
Soweit wir für Sachmängel haften, behalten wir uns das Recht auf Wahl zur Neulieferung oder Nachbesserung vor. Gegen Rücknahme der beanstandeten Ware ist eine mangelfreie Ersatzlieferung möglich, wenn uns dadurch keine unverhältnismäßig hohen Kosten entstehen. Trifft uns ein Verschulden, erstatten wir zusätzlich den Schaden neben der Leistung.
Schlägt die Nacherfüllung fehl bzw. nach erfolglosem Ablauf einer angemessenen Nachfrist zur Nacherfüllung, hat der Käufer bei nicht geringfügigen Mängeln das Recht auf Rücktritt vom Vertrag, Preisminderung oder Schadensersatz statt der Leistung.

(7) Erfüllungsort und Gerichtsstand
Erfüllungsort und Gerichtsstand für alle Ansprüche ist Oldenburg.

Oldenburg, Januar 20XX

Arbeitsauftrag

1 Vergleichen Sie die AGB der Fly Bike Werke GmbH mit den AGB der Stahlwerke Tissen AG (siehe Seite 61). Nutzen Sie dazu das Schema auf Seite 62.

Stahlwerke Tissen AG

Allgemeine Geschäftsbedingungen

I. Vertragsabschluss

1. Alle Abschlüsse und Vereinbarungen bedürfen zu ihrer Wirksamkeit der Schriftform, mündliche Nebenabreden werden nur durch schriftliche Bestätigung für uns verbindlich.

Mit der widerspruchslosen Entgegennahme unserer Auftragsbestätigung gelten der Kaufvertrag als abgeschlossen und diese Bedingungen als angenommen, auch wenn der Käufer seine Unterschrift nicht geleistet hat.

II. Abnahme und Zahlung

1. Werden unsere Bedingungen von dem Besteller nicht erfüllt, gerät er insbesondere in Zahlungsverzug oder fällt bei Kreditgeschäften die Auskunft über die Person des Bestellers oder des Bürgen unbefriedigend aus, sind wir berechtigt, nach unserer Wahl

a) vom Vertrag zurückzutreten,

b) bei geleisteter Anzahlung unserer vertraglichen Verpflichtung dadurch zu genügen, dass wir Waren in Höhe des Anzahlungsbetrages liefern; geleistete Anzahlungsbeträge werden nicht verzinst.

2. Wir sind befugt, mindestens 25 vom Hundert des Bestellpreises als Schadensersatz zu fordern:

a) wenn wir gemäß Artikel II 1.a) dieser Bedingungen vom Vertrag zurückgetreten sind,

b) wenn der Besteller die Abnahme der Ware verweigert und wir auf Lieferung verzichten.

Es ist nicht erforderlich, eine Nachfrist zu setzen.

III. Preise und Zahlung

1. Unsere Angebote sind freibleibend.

2. Unsere Rechnungen – auch über Teillieferungen – sind sofort nach erfolgter Lieferung zahlbar. Mängelrügen berechtigen nicht zur Geltendmachung von Aufrechnungs- und Zurückbehaltungsrechten. Bei nicht pünktlicher Zahlung sind wir berechtigt, ohne Inverzugsetzung als Verzugsschaden monatlich mindestens 1 vom Hundert des gesamten ausstehenden Betrages zu berechnen. Bei Zahlungsrückstand des Bestellers entfallen für uns Termine, Garantieverpflichtungen, Skontibeträge, Rabatte und Zahlungsnachlässe.

3. Machen wir bei Zahlungsverzug von unserem Rücktrittsrecht Gebrauch, so sind wir berechtigt, folgende Ansprüche für Aufwendungen und Entschädigung für Benutzung und Wertminderung geltend zu machen:

a) für die infolge des Vertrages erbrachten Aufwendungen, insbesondere anteilige Geschäftskosten, Transport- und Versicherungskosten: mindestens 10 vom Hundert des Bestellpreises,

b) für Benutzung und Wertminderung bei Rückgabe und Rücktritt innerhalb des ersten Halbjahres nach Lieferung 25 % des Bestellpreises und für jedes weitere Halbjahr nach Lieferung bis zum Ablauf von 2 Jahren weitere 10 % für jedes Halbjahr.

IV. Liefertermine

1. Von uns angegebene Liefer- und Abholzeiten sind Näherungswerte und daher unverbindlich. Fest vereinbarte Fristen beginnen mit dem Tage der Vertragsunterzeichnung. Vereinbarte Fristen verlängern sich um den Zeitraum, während dessen der Besteller mit seinen Verpflichtungen, auch aus anderen Geschäften mit uns, im Rückstand ist. Wird ein vereinbarter Termin von uns schuldhaft um mehr als vier Wochen überschritten, kann der Besteller uns eine angemessene Nachfrist setzen und, halten wir die Nachfrist nicht ein, durch schriftliche Erklärung vom Vertrage zurücktreten. Schadensersatzansprüche, gleich welcher Art, sind ausgeschlossen.

2. Falls die Lieferung durch von uns nicht verschuldete Umstände erschwert oder unmöglich gemacht wird, insbesondere durch Unfälle, Feuer, Verkehrssperre, Rohstoffmangel, Störungen des Betriebes oder des Transportes, können wir die Lieferung um die Dauer der Behinderung hinausschieben oder ganz oder wegen des noch nicht erfüllten Teils vom Vertrage zurücktreten.

Bestandteile der AGB	Fly Bike Werke GmbH	Tissen AG
Vertragsabschluss		
Lieferbedingungen		
Zahlungsbedingungen		
Rechte		

Aufgaben

Aufgabe 1
Unter welchen Voraussetzungen werden AGB Bestandteil eines Kaufvertrages?

Aufgabe 2
Erklären Sie, welchen Zweck ein Unternehmen mit seinen allgemeinen Geschäftsbedingungen verfolgt.

Aufgabe 3
Skizzieren Sie, welche Möglichkeiten ein Käufer hat, wenn er mit den allgemeinen Geschäftsbedingungen des Verkäufers nicht einverstanden ist.

Aufgabe 4
Das Bürgerliche Gesetzbuch (BGB) regelt die Wirksamkeit von allgemeinen Geschäftsbedingungen. Beschreiben Sie, welche Regelungen bei

a individuellen Absprachen,
b mehrdeutigen Klauseln und
c unwirksamen Klauseln

gelten.

Arbeitsblatt 13.1 | Allgemeine Geschäftsbedingungen

Beurteilen Sie unter Verweis auf die entsprechenden Paragrafen, welche Geschäftsbedingungen in den einzelnen Fällen als Vertragsbestandteile jeweils unzulässig bzw. zulässig sind.

Fall 1: In dem abgeschlossenen Kaufvertrag wurde eine Gewährleistungsfrist von vier Monaten vorgesehen. Der Käufer verweist auf § 477 BGB, nach dem die Mindestgewährleistungspflicht für Waren sechs Monate beträgt. Der Verkäufer entgegnet jedoch, dass die in seinen Geschäftsbedingungen vorgesehene Frist von vier Monaten gültig sei.	
Fall 2: Der Kundendienst berechnet trotz noch bestehender Garantie für die Anfahrt zur Reparatur eines Fernsehgerätes 60,00 €.	
Fall 3: Beim Kauf einer preisgünstigen Kaffeemaschine verpflichtet sich der Käufer gleichzeitig zu einer monatlichen Abnahme von einem Pfund Kaffee.	
Fall 4: Beim Vertragsabschluss über den Kauf einer neuen Waschmaschine war schriftlich eine Lieferzeit von zwei Wochen vereinbart worden. Jetzt beruft sich der Elektroeinzelhändler auf seine AGB, nach denen eine Lieferzeit von vier Wochen vorgesehen ist.	
Fall 5: Ein Schüler hat sich ein neues Fahrrad für 700,00 € bestellt. Als das Fahrrad nach der vereinbarten Lieferfrist von vier Wochen geliefert wird, verlangt der Fahrradhändler 750,00 €. Er verweist auf seine AGB, nach denen der endgültige Kaufpreis zum Zeitpunkt der Lieferung festgesetzt werde.	
Fall 6: In den AGB eines Reisebüros befindet sich folgende Klausel: „Der Veranstalter ist berechtigt, die Reise ohne Angabe von Gründen abzusagen."	
Fall 7: Frau Müller kauft eine Waschmaschine für 1.250,00 €. Nach vier Wochen gibt sie sie wegen erheblicher Mängel zurück. Für diese Zeit berechnet die Lieferfirma Frau Müller mit dem Hinweis auf ihre AGB 150,00 € Benutzungsgebühren. Erläutern Sie die Rechtslage.	
Fall 8: Frau Schneider gibt ihren CD-Player in Reparatur. Als sich die zwei Auszubildenden das Gerät zuwerfen, fällt es auf den Boden und wird stark beschädigt. Der Elektrohändler lehnt mit dem Hinweis auf seine AGB Ersatzansprüche ab: „Eine Haftung ist auch bei grobem Verschulden ausgeschlossen."	

Lernsituation 14

FK → TAF 11.2 | Kap. 2.5

Ein Verkaufsseminar bei der Fly Bike Werke GmbH

UB
Unternehmensberatung

Verkaufsseminar Schulungsprogramm

Das Verkaufsgespräch – Grundlage des Erfolges beim Vertragsabschluss

1. Begrüßung – 15 Sekunden entscheiden
2. Bedarfsermittlung – einen „Eisberg“ entdecken
3. Argumentation – mit guten Gründen überzeugen
4. Preisnennung – den Wert ins richtige Licht rücken

1. Begrüßung – 15 Sekunden entscheiden

Eine Verkaufssituation auf einer Messe

Am Morgen des 15. Oktober kommt Herr Kenarci, Einkäufer eines Sanitärgroßhandels, zum Messestand der Bell GmbH, um sich über neue Produkte zu informieren. Der Mitarbeiter der Bell GmbH sitzt am Stand und telefoniert. Er beobachtet, wie sich Herr Kenarci schon längere Zeit mit einem Artikel beschäftigt, reagiert aber nicht und telefoniert in aller Ruhe weiter. Auch als Herr Kenarci sichtlich ungeduldig wird, telefoniert der Mitarbeiter immer noch weiter. Als dann Herr Kenarci kopfschüttelnd den Stand verlässt, ist der Mitarbeiter doch ein wenig verwundert.

Arbeitsaufträge

1 Notieren Sie stichwortartig die Fehler des Mitarbeiters.
2 Formulieren Sie einen Verbesserungsvorschlag.

Aufgaben

Aufgabe 1
Der Kunde gibt durch bestimmte Signale zu erkennen, dass er angesprochen werden möchte. Nennen Sie diese Signale.

Aufgabe 2
Formulieren Sie in wörtlicher Rede die Ansprache des Kunden in den zwei aufgeführten Situationen.

a Der Kunde schaut sich hilfesuchend um.
b Die Stammkundin Beate Simons beschäftigt sich seit ein paar Minuten sehr intensiv mit einer Ware.

Aufgabe 3
Notieren Sie in der nachfolgenden Verkaufssituation die möglichen Folgen aus der Verhaltensweise des Verkäufers bezüglich der Kontaktaufnahme mit dem Kunden. Formulieren Sie anschließend eine bessere Kontaktaufnahme: Der Kunde Martin Lange betritt den Fahrradgroßhandel Enkler e. K. und geht gezielt auf den Verkäufer Wolfgang Meyer zu, der gerade mit dem Einräumen von Waren beschäftigt ist. Kunde: „Guten Tag, können Sie mir weiterhelfen?“ Verkäufer: „Wie jedermann erkennen kann, bin ich zurzeit beschäftigt. Kommen Sie in einer halben Stunde noch mal wieder!“

2. Bedarfsermittlung – einen „Eisberg“ entdecken

Situation

In einem Sanitärgroßhandel geht ein Verkäufer lächelnd auf eine Kundin zu und begrüßt sie freundlich.

Auszug aus dem Verkaufsgespräch:

Verkäufer:	Guten Tag, wie kann ich Ihnen helfen?
Kundin:	Guten Tag, der Sanitärbetrieb Fromberg schickt mich, ich soll mir bei Ihnen mein neues Bad aussuchen.
Verkäufer:	Ja gern! Haben Sie schon an etwas Bestimmtes gedacht?
Kundin:	Eigentlich nicht! Ich wollte mich gern mal umsehen und schauen, was Sie so haben!
Verkäufer:	Möchten Sie ein modernes Bad?
Kundin:	Das weiß ich noch nicht!
Verkäufer:	Wie wäre es mit einem Bad im Landhausstil?
Kundin:	Ich weiß nicht!
Verkäufer:	Soll es denn eine bestimmte Farbe haben?
Kundin:	Ich müsste mir die Sachen mal ansehen!
Verkäufer:	Möchten Sie gern eine Badewanne?
Kundin:	Das kommt darauf an ...

Arbeitsaufträge

1 Notieren Sie stichwortartig die Fehler des Verkäufers.
2 Formulieren Sie einen Verbesserungsvorschlag in wörtlicher Rede.
3 Erläutern Sie den Unterschied zwischen offenen und geschlossenen Fragen.

Frageform	Beispiel	Anwendungsmöglichkeiten
offene Fragen		
	„Wollen Sie, dass ich Ihnen die Dampfdusche nochmals vorfuhre?“	

3. Argumentation – mit guten Gründen überzeugen

Eine Verkaufssituation

Beim Reifenhersteller Kiesling versucht eine Vertriebsmitarbeiterin, den Autohändler Claasen von den neu eingetroffenen Reifen zu überzeugen.

Auszug aus dem Verkaufsgespräch:

Verkäuferin: ... insbesondere der Reifenwulst und die Karkasse sind neu entwickelt worden und sehr gut. Die Karkasse besteht nun aus Rayon. Auch das Cap und die Base des Laufstreifens sind neu und nun viel besser. Alle Hochgeschwindigkeitsreifen besitzen nun auch eine Nylonabdeckung ...

Informationen:

Das **Cap** sorgt für die Haftung auf allen Straßenoberflächen. Er gibt Abriebfestigkeit und Fahrstabilität.
Die **Base** verringert den Rollwiderstand und dämpft die Stoßübertragung auf die Karkasse.
Der **Reifenwulst** hat die Aufgabe, den festen Sitz des Reifens auf der Felge zu gewährleisten. Um eine Längenänderung des Reifens am Felgenumfang auszuschließen, sind im Wulst mehrere Drahtkerne eingearbeitet. Bei schlauchlosen Reifen dichtet der Reifenwulst zudem das eingeschlossene Luftvolumen gegen die Umgebung ab.
Die **Karkasse**, gespannt durch den Innendruck, bildet das tragende Gerüst eines Reifens. Sie besteht aus mehreren Gewebeunterlagen, die ohne gegenseitige Berührung in Gummi eingebettet werden. Als Gewebematerialen verwendet man Kord, Kunstseide, Polyamidfasern und Stahl.
Die **Nylonabdeckung** (zwei Lagen) ist eine Sicherheitsbandage für Hochgeschwindigkeitsreifen.

Arbeitsaufträge

1. Notieren Sie stichwortartig die Fehler der Verkäuferin.
2. Formulieren Sie einen Verbesserungsvorschlag in wörtlicher Rede. Berücksichtigen Sie dabei die vorliegenden Informationen.

Vorgehensweise bei der Verkaufsargumentation

	1. Schritt: Warenmerkmal	2. Schritt: Warenvorteil	3. Schritt: Kundennutzen
Erläuterung			

Aufgaben

Aufgabe 1
Kreuzen Sie in der unten stehenden Tabelle an, welche der folgenden Verkäuferaussagen

- ein Warenmerkmal,
- einen Warenvorteil

beschreiben.

	Verkäuferaussage	Warenmerkmal	Warenvorteil
a	Dieser Sunblocker hat den Lichtschutzfaktor 50.	☐	☐
b	Der Sunblocker erhöht die Eigenschutzzeit der Haut um das 50-Fache.	☐	☐
c	Der Sunblocker schützt die empfindlichen Hautpartien der Lippen.	☐	☐
d	Der Sunblocker ist ein wirksamer Schutz vor intensiver Sonnenbestrahlung.	☐	☐

Aufgabe 2
Ein Hersteller von Schreibgeräten gibt folgende Produktinformationen zu einem Tintenkugelschreiber:

- Hightech-Leichtlaufspitze mit hohem Schreibkomfort
- Linienbreite ca. 0,4 mm
- dokumentenecht
- großer Tintenvorrat
- Tintenstand durch Sichtfenster kontrollierbar
- Tintensteuerung mit konstantem Tintenfluss bis zum letzten Tropfen
- gleichmäßige Schreibleistung
- wischfest
- rutschhemmendes Griffprofil

Formulieren Sie jeweils einen Verbesserungsvorschlag, der den Warenvorteil klar herausstellt.

Aussage des Verkäufers	Verbesserungsvorschlag
Der Tintenroller hat eine Hightech-Spitze.	
Durch den konstanten Tintenfluss haben Sie eine gute Schreibleistung.	
Mit dem Tintenvorrat kommen Sie unendlich lange aus.	
Durch das Griffprofil kann der Tintenroller nicht so leicht aus den Fingern rutschen.	
Der Tintenroller hat ein Sichtfenster. Dadurch kann man den Tintenstand kontrollieren.	

4. Preisnennung – den Wert ins richtige Licht rücken

Eine Verkaufssituation

In einem Sanitärgroßhandel führt ein Verkäufer schon seit längerer Zeit ein Verkaufsgespräch mit einem Kunden. Dieser interessiert sich für eine komplette Badausstattung. Zurzeit stehen die beiden vor einer exklusiven Duschabtrennung, der Kunde scheint recht interessiert.

Auszug aus dem Verkaufsgespräch:

Käufer:	Was kostet diese Duschabtrennung?
Verkäufer:	Oh, die ist ziemlich teuer, die kostet 2.490,00 €!
Käufer:	Ja, das ist wirklich ganz schön teuer.
Verkäufer:	Wie man es nimmt – die anderen sind sogar noch teurer.
Käufer:	Ach so.
Verkäufer:	Soll ich Ihnen mal die billigen Duschabtrennungen zeigen?
Käufer:	Ich habe leider wenig Zeit.
Verkäufer:	Die teuren Duschabtrennungen haben immer eine bessere Qualität – ist doch klar. Was wollen Sie denn jetzt?
Käufer:	Oh, schon so spät, ich komme morgen noch mal wieder. Ich muss das alles noch einmal mit meinem Installateur besprechen. Auf Wiedersehen.

Arbeitsaufträge

1 Notieren Sie stichwortartig die Fehler des Verkäufers.
2 Formulieren Sie einen Verbesserungsvorschlag in wörtlicher Rede.

Aufgaben

Aufgabe 1
Nehmen Sie kurz Stellung zu folgender Aussage: „Die Qualität ist noch da, wenn der Preis längst vergessen ist.“

Aufgabe 2
Ergänzen Sie folgende Aussagen mit anderen Begriffen für „teuer“ und „billig“:

a Das Schuhspezialgeschäft „Schuh-Klick“ hat ______________________ Preise.

b Im Fabrik-Direktverkauf gibt es ______________________ Kleidung.

c Fußballmanager Kalli Winter verbrachte die Sommerpause auf einer ______________________ Motorjacht an der Küste von Florida.

d Mein geiziger Bruder sucht sich immer die ______________________ Last-Minute-Reisen aus.

e Eine Weltumseglung mit der „Flying Goddess“ ist für Manager ______________________ .

f Die Straßencafés an der Berliner Friedrichstraße verlangen ______________________ Preise.

g Die Gemahlin von Konsul Klein hat ihren ______________________ Ring verlegt.

Aufgabe 3
Begründen Sie, warum man nicht grundsätzlich von einem hohen Preis auf eine hohe Warenqualität schließen kann.

Den Preis in das Verkaufsgespräch einbinden

Kundenfrage: **Was kostet dieser MP3-Player?**

Methode zur Einbindung des Preises	Merkmale/Besonderheiten	Beispiel in wörtlicher Rede
1.		

Kundeneinwand: **Ich hätte nicht gedacht, dass dieses Gerät so teuer ist!**

Methode zur Einbindung des Preises	Merkmale/Besonderheiten	Beispiel in wörtlicher Rede
2.		

Lernsituation 15

FK → TAF 11.2 | Kap. 3.1

Mangelhafte Lieferung

Situation

Sie arbeiten zurzeit in der Abteilung Einkauf der Fly Bike Werke GmbH und erhalten mit Beginn des heutigen Arbeitstages folgende Belege zur Bearbeitung.

UNION ELEKTRO AG

Fly Bike Werke GmbH
Rostocker Str. 334
26121 Oldenburg

Lieferschein Nr. 2398

Kunden-Nr.	Bestellung	Bestelldatum	Auftragsbestätigung	Lieferdatum	
2-012	70	22.03.20XX	2398	27.03.20XX	
Pos.-Nr.	**Artikel-Nr.**	**Artikelbezeichnung**		**Menge**	**Einheit**
1	55-00	Komponentenset Beleuchtung		1000	Stück
Vesandart:	**Wir bestätigen die ordnungsgemäße Lieferung/Datum**			**Name**	
Selbstabholer	*siehe Prüfbericht*		*27.03.20XX*		

Prüfbericht

Fly Bike Werke GmbH

Lieferant: **Union Elektro AG**

Prüfbericht	Prüfdatum	Lieferdatum
75	27.03.20XX	27.03.20XX
Artikel Nr.	Artikelbezeichnung	Liefermenge
55-00	Komponentenset Beleuchtung	1000 Stück
Bestell-Nr.		Verpackungseinheiten
70		20 Kartons

Prüfergebnis:
Es wurden 10 Kartons geöffnet und überprüft. Sämtliche geprüften Rücklichter weisen Risse im Gehäuse auf. Es ist zu vermuten, dass die gesamte Lieferung für die Produktion nicht geeignet ist.

Datum	Unterschrift	
27.03.20XX	*Wolf*	

Arbeitsaufträge

1 Erörtern Sie, welches Recht bzw. welche Rechte Sie in dem vorliegenden Fall für die Fly Bike Werke GmbH auswählen würden. Begründen Sie Ihre Entscheidung.

2 Verfassen Sie einen Brief an Ihren Lieferanten, in dem Sie Ihre Rechte in Anspruch nehmen. Nutzen Sie dazu auch die Kreditorenliste auf Seite 12.

Arbeitsblatt 15.1 | Mangelhafte Lieferung

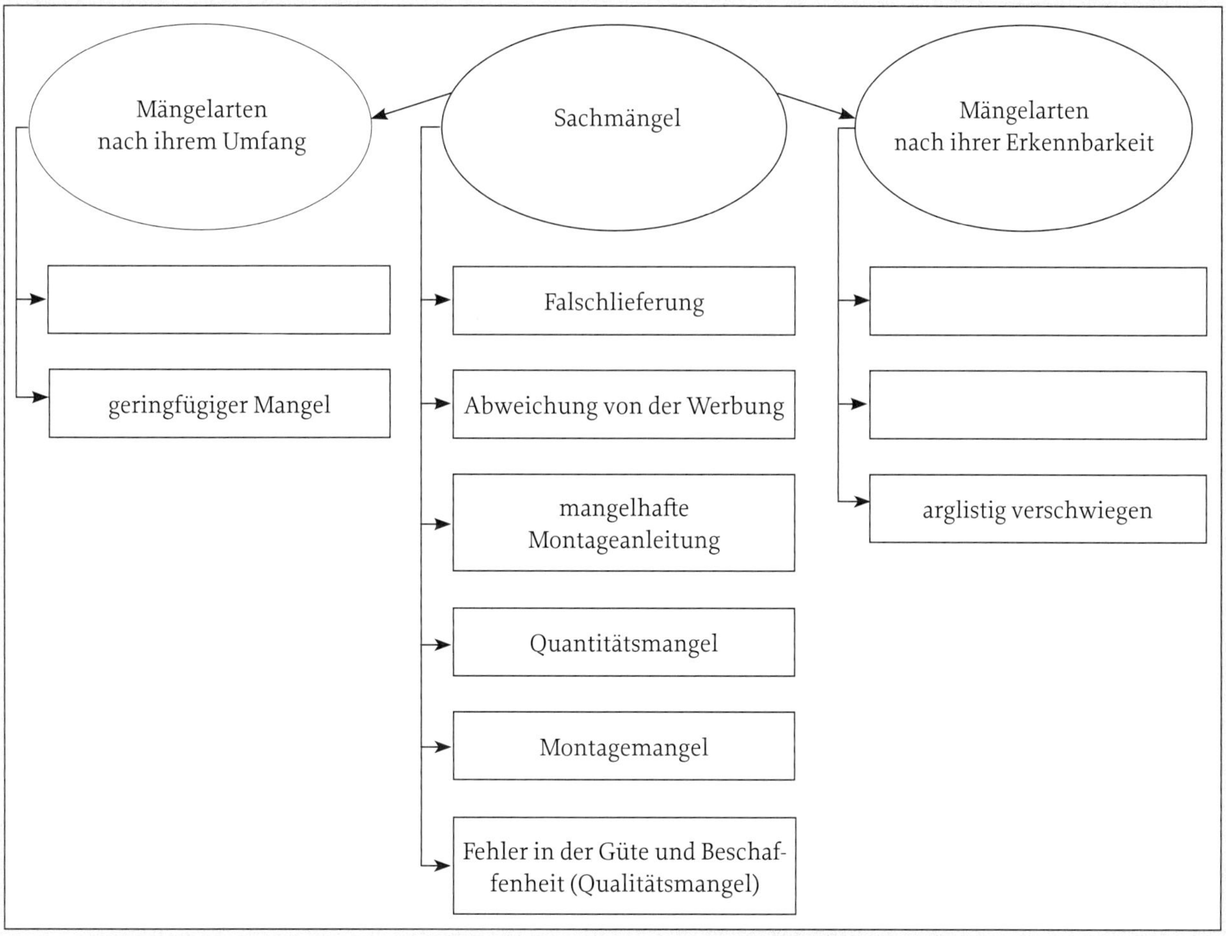

Pflichten des Käufers bei Verbrauchsgüterkauf und zweiseitigem Handelskauf		
Pflicht des Käufers	**Verbrauchsgüterkauf**	**zweiseitiger Handelskauf**
Prüfpflicht		
Rügepflicht a) offener Mangel		
b) versteckter Mangel		
c) arglistig verschwiegener Mangel	innerhalb von 3 Jahren	unverzüglich nach Entdeckung; innerhalb von 3 Jahren

Arbeitsblatt 15.2 | Gewährleistungsrechte des Käufers

______________________ Recht = Nacherfüllung durch:

____
+ evtl. Schadensersatz neben der Leistung
(nur bei Verschulden des Verkäufers)

____
+ evtl. Schadensersatz neben der Leistung
(nur bei Verschulden des Verkäufers)

Für die Nacherfüllung muss eine ______________________ gewährt werden.

Eine ______________________ kann unter anderem dann entfallen, wenn

- der Verkäufer die Nacherfüllung verweigert,
- ______________________
- ______________________

Der Käufer hat theoretisch das Wahlrecht. **ABER**: Der Verkäufer kann beide Rechte verweigern, wenn unverhältnismäßig hohe Kosten anfallen würden.

Nacherfüllung ist **fehlgeschlagen** nach zwei erfolglosen Versuchen.

Nachrangige Rechte =

____

Rechte nur bei ______________ Mängeln

Recht auch bei ______________ Mängeln

Rücktritt vom Vertrag | und | ______ | ______ | ______

oder/und

Aufgaben

Aufgabe 1
Ordnen Sie den verschiedenen Situationen die dazugehörige Mängelart zu.

Situation	Mängelart
a Bei der Kontrolle der Lieferung wird festgestellt, dass statt Stahlrohr mit 10 mm Durchmesser nur Stahlrohr mit 8 mm Durchmesser geliefert wurde.	
b Der Fly Bike Werke GmbH werden statt 10 Paletten Verpackungsmaterial lediglich 5 Paletten geliefert.	
c Anstelle von Stahlrohr erhält die Fly Bike Werke GmbH Aluminiumrohr.	
d Bei der Anlieferung von Schutzblechen sind deutlich sichtbare Beulen zu erkennen.	
e Statt schwarzer Satteltaschen werden braune Satteltaschen geliefert.	
f Die Fly Bike Werke GmbH erhält eine Lieferung defekter Dynamos.	

Aufgabe 2
Definieren Sie die Begriffe:

a offener Mangel
b versteckter Mangel
c arglistig verschwiegener Mangel

Aufgabe 3
Unterscheiden Sie den Verbrauchsgüterkauf vom zweiseitigen Handelskauf.

Aufgabe 4
Herr Stenton (Privatkunde) kauft bei einem Motorradhändler einen neuen Roller. Drei Monate nach dem Kauf des Rollers gibt der Motor den Geist auf. Es konnte nicht festgestellt werden, ob vor dem Verkauf ein Materialfehler vorgelegen hat oder ob Herr Stenton den Roller fehlerhaft bedient hat. Prüfen Sie, ob Herr Stenton die Möglichkeit hat, Gewährleistungsrechte geltend zu machen. Begründen Sie Ihre Antwort.

Aufgabe 5
Die Kundin Miriam Fuchs kauft am 20. Oktober 20X3 eine Waschmaschine, die am gleichen Tag angeliefert wird. Der Verkäufer Bau verschweigt arglistig einen Mangel an dieser Maschine. Miriam Fuchs entdeckt den Mangel am 20. Dezember 20X6 und macht selbstverständlich Gewährleistungsansprüche geltend. Beurteilen Sie die Rechtslage für Frau Fuchs.

Aufgabe 6
Frau Berrenberg kauft am 4. Juni 20X4 günstig Skier für ihren nächsten Winterurlaub. Um dem Karneval zu entfliehen, packt sie im Februar 20X5 ihre neuen Skier unter den Arm und fährt in die Alpen. Dort entdeckt sie einen versteckten Mangel an der Sicherheitsbindung. Erörtern Sie, welche Gewährleistungsfrist Frau Berrenberg zusteht.

Aufgabe 7
Herr Bärlauch kauft am 16. Juni 20X5 eine Stichsäge. Am 21. Juni 20X8 reklamiert Herr Bärlauch beim Händler einen erheblichen Mangel an der Stichsäge, der erwiesenermaßen bereits bei der Übergabe bestand, allerdings von Herrn Bärlauch erst am 21. Juni 20X8 erkannt wurde. Klären Sie:

a die allgemeine Gewährleistungsfrist
b das Verjährungsdatum für die Gewährleistungsansprüche von Herrn Bärlauch
c das Ergebnis für Herrn Bärlauch

Aufgabe 8
Die Kundin Claudia Heland kauft an einem Samstag einen DVD-Player. Der Händler vermerkt auf dem Kassenzettel „Reklamationen ausgeschlossen". Die Kundin nimmt den DVD-Player trotzdem entgegen und freut sich auf ein gemütliches Wochenende mit tollen Filmen. Bei der Benutzung des Gerätes stellt Claudia Heland fest, dass es defekt ist. Am kommenden Montag steht die Kundin aufgebracht im Warenhaus und verlangt den Umtausch dieses Players. Der Verkäufer bietet ihr zwar einen Kaffee an, aber keinen Umtausch. Er verweist auf den Vermerk auf dem Kassenzettel. Beurteilen Sie die rechtliche Situation.

Lernsituation 16

FK → TAF 11.2 | Kap. 3.2

Lieferungsverzug

Von: Hans Peters
An: Sylvia Dogan
Betreff: **Tossil-Armbanduhren (dringend)**

Liebe Frau Dogan,

Datum: 22.11.20XX

wir warten noch immer auf die Lieferung der Tossil-Armbanduhren des Lieferanten Terochron GmbH (siehe beiliegende Bestellung und Auftragsbestätigung). Wie Sie wissen, benötigen wir die Ware dringend für unsere Weihnachts-Aktion für treue Kunden, denen wir jeweils eine Armbanduhr als Werbegeschenk senden werden. Der Versand ist für nächste Woche angekündigt.

Mit freundlichen Grüßen

Hans Peters

FBW GmbH • Rostocker Str. 334 • 26121 Oldenburg

Terochron GmbH
Postfach 105620
69046 Heidelberg

Fly Bike Werke GmbH

Ihr Zeichen, Ihre Nachricht vom	Unser Zeichen, unsere Nachricht vom	Telefon, Name	Datum
	bf	0441 885-12 Sylvia Dogan	14.11.20XX

Bestellung 1428

Sehr geehrter Herr Fritscher,

gemäß Ihrer aktuellen Preisliste bestellen wir zu den uns bekannten allgemeinen Geschäftsbedingungen bei Ihrem Unternehmen:

Artikel	Artikelbezeichnung	Menge
204859	Damen-Armbanduhr „Tossil"	15
204860	Herren-Armbanduhr „Tossil"	15

Wir bitten um unverzügliche Lieferung der Ware.

Mit freundlichen Grüßen

Fly Bike Werke GmbH
i.A. *Sylvia Dogan*

Sylvia Dogan

TEROCHRON

TEROCHRON GmbH □ Postfach 105620 □ 69046 Heidelberg

Fly Bike Werke GmbH
Rostocker Str. 338
26121 Oldenburg

Ihr Zeichen, Ihre Nachricht	Unser Zeichen, unsere Nachricht	Telefon, Name	Datum
sd, 14.11.20XX	FRM	0621 963852 Mark Fritscher	16.11.20XX

Auftragsbestätigung 458

Sehr geehrte Frau Dogan,

besten Dank für Ihre Bestellung. Wir bestätigen wie folgt:

Artikel-Nr.	Artikelbezeichnung	Menge	Auftragssumme	Gesamtpreis
204859	Damen-Armbanduhr „Tossil"	15	1.035,00 €	1.231,65 €
204860	Herren-Armbanduhr „Tossil"	15	1.035,00 €	1.231,65 €
		Gesamtpreis:		2.463,30 €

Die Lieferung erfolgt unverzüglich ab Lager, die Versandkosten betragen 3 % vom Warenwert.
Die Zahlung erfolgt innerhalb von 30 Tagen ohne Abzug nach Rechnungseingang.

Mit freundlichen Grüßen

Terochron GmbH
i.A. *Fritscher*

Fritscher

Arbeitsaufträge

1. Prüfen Sie, ob in dem vorliegenden Fall ein Lieferungsverzug vorliegt. Begründen Sie Ihre Entscheidung.
2. Entwickeln Sie Vorschläge für die weitere Vorgehensweise.

Arbeitsblatt 16.1 | Lieferungsverzug

Wann liegt ein Lieferungsverzug vor?

Nichtlieferung trotz Fälligkeit + +

Ist entbehrlich, wenn

Ist nur Voraussetzung, wenn Schadensersatz geltend gemacht werden soll.

Wenn diese Voraussetzungen erfüllt sind, liegt ein Lieferungsverzug vor.
Der Käufer kann zwischen folgenden Rechten wählen:

sofort:

nach angemessener Nachfrist:

Aufgaben

Aufgabe 1
Nennen Sie mögliche Gründe dafür, dass bei einem Lieferungsverzug auf eine Mahnung verzichtet werden kann.

Aufgabe 2
Prüfen Sie in den unten aufgeführten Fällen, ob der Käufer eine Mahnung schreiben muss. Gehen Sie davon aus, dass die Lieferung zum vereinbarten Zeitpunkt nicht stattgefunden hat.

Fall	Mahnung ja/nein	Begründung
a Der Lieferant Werdie benachrichtigt seinen Käufer, dass er nicht liefern kann.		
b „Die Lieferung der Uhren erfolgt frühestens Mitte Februar.“ (vertraglich vereinbart)		
c „Die Lieferung der Ware erfolgt am 17. Dezember.“ (vertraglich vereinbart)		
d Die Fly Bike Werke GmbH bestellt für die Weihnachtsfeier Schokoladenweihnachtsmänner und erwartet diese etwa eine Woche vor dem 6. Dezember. Die Ware wird nicht geliefert.		
e „Die Lieferung erfolgt am 2. April 20XX fix.“ (vertraglich vereinbart)		
f Die Fly Bike Werke GmbH erwartet die Lieferung von Kopierpapier Anfang März.		
g Sie bestellen eine Wasserpumpe, denn die Nidda führt Hochwasser. Der Installateur verspricht sofortige Lieferung, aber die Wasserpumpe wird nicht geliefert.		

Aufgabe 3
Laut Kaufvertrag vom 21. August 20XX soll der Verkäufer Otfried Knapp an den Käufer Christian Schmied 20 Fahrräder liefern. Lieferungsbedingung: schnellstmöglich. Am 16. September 20XX ist die Lieferung noch immer nicht eingetroffen. Christian Schmied ist ärgerlich, weil er die Fahrräder dringend benötigt. Er möchte allerdings auch nicht auf einen anderen Lieferanten ausweichen. Bewerten Sie, welche Rechte er geltend machen kann und welche Voraussetzungen er dabei zu beachten hat.

Aufgabe 4
Der Kunde Wolf Steinbach vereinbarte im Kaufvertrag mit dem Verkäufer Marcus Mayer die Lieferung von 15 Druckern. Im Kaufvertrag wurde kein Liefertermin angegeben. Marcus Mayer vereinbarte mit einem anderen Käufer einen viel höheren Preis und weigert sich nun, die Drucker an Wolf Steinbach auszuhändigen. Prüfen Sie, ob

a Fälligkeit und Verschulden vorliegen,
b eine Nachfrist gesetzt werden muss und
c welche Rechte der Kunde in Anspruch nehmen kann.

Aufgabe 5
Laut Kaufvertrag sollte der Verkäufer Max Recht an die Kundin Islah Yamel 15 PCs liefern. Lieferungsbedingung: spätestens bis zum 5. März 20XX. Nachdem die Lieferung am 15. März 20XX noch immer nicht eingetroffen ist, teilt Islah Yamel mit, dass sie ohne Nachfristsetzung sofort vom Kaufvertrag zurücktreten möchte. Max Recht lehnt dies ab: „In meinem Betrieb wird gestreikt. Ich verspreche Ihnen, ich werde in den nächsten drei Tagen liefern." Diskutieren Sie, ob

a Fälligkeit und Verschulden vorliegen,
b eine Nachfrist gesetzt werden muss und
c welche Rechte die Kundin in Anspruch nehmen kann.

Aufgabe 6
Überprüfen Sie in den folgenden Fällen, ob ein Lieferungsverzug vorliegt, und begründen Sie Ihre Entscheidung.

a Die Lieferbedingungen eines Stammlieferanten sind seit Jahren immer drei Wochen, plötzlich liefert er erst nach fünf Wochen (feste Liefertermine waren nie vereinbart).
b Der Verkäufer Bart kann eine bei ihm speziell hergestellte Maschine nicht liefern, weil die Lagerhalle abgebrannt ist.
c Durch einen nicht verschuldeten Verkehrsunfall des Mitarbeiters kann der Verkäufer die bestellte Ware (20 Paletten Feinpapiere) nicht pünktlich ausliefern.
d Durch einen verschuldeten Verkehrsunfall des Mitarbeiters kann der Verkäufer die bestellte Ware (Originalbild eines Künstlers) nicht pünktlich ausliefern.

Aufgabe 7
Sabine Pilz feiert am 27. August 20XX ihren 40. Geburtstag. Sie lädt viele Freunde ein und bestellt 15 Kisten Prosecco. Der Verkäufer Kretz liefert nicht. Unterdessen sind die Proseccopreise massiv gestiegen. Sabine Pilz bangt um die Kosten und kauft noch vor der Feier bei einem anderen Händler ein, der den Prosecco billiger anbietet. Sie informiert darüber den Verkäufer Kretz. Dieser ist ziemlich erbost und verlangt die Abnahme der bestellten 15 Kisten mit der Begründung, dass Frau Pilz keine Nachfrist gesetzt hat. Analysieren Sie die Rechtslage und begründen Sie Ihre Entscheidung.

Aufgabe 8
Auszug aus einem Kaufvertrag zwischen der Bertels GmbH und dem Einzelhandel Grassig e. Kfm.: „Wenn der vereinbarte Liefertermin nicht eingehalten wird, so zahlt die Bertels GmbH an Grassig e. Kfm. für jede Woche Lieferungsverzug Verzugszinsen in Höhe von 0,7 % der Rechnungssumme ..." Klären Sie die Vorteile dieser vertraglichen Vereinbarung gegenüber der gesetzlichen Vereinbarung beim Lieferungsverzug.

Aufgabe 9
Die BPK GmbH bestellt fix 500 000 Blatt Büropapier „Mattpost Extra" bei ihrem Stammlieferanten für den 10. Dezember 20XX zum Preis von 6.100,00 €. Am 13. Dezember ist die Lieferung noch immer nicht eingetroffen. Die BPK GmbH hat zwischenzeitlich bei einem preisgünstigeren Lieferanten bestellt.

a Prüfen Sie, ob Fälligkeit und Verschulden vorliegen,
b Prüfen Sie, ob eine Nachfrist gesetzt werden muss.
c Prüfen Sie, welche Rechte der Kunde in Anspruch nehmen kann.
d Formulieren Sie einen Brief an den nachlässigen Lieferanten.

Lernsituation 17

FK → TAF 11.2 | Kap. 3.3

Zahlungsverzug

Situation

Bei der Kontrolle der Offene-Posten-Liste am 2. Mai zeigt sich der zuständigen Vertriebssachbearbeiterin folgendes Bild:

Terminbuch Kunden;
zugleich Offene-Posten-Liste (Auszug)

Fly Bike Werke GmbH

Zahlungstermin	Skontotermin	Kunde	Rechnung Nr.	Rechnungsdatum	Betrag in €	gezahlt am	1. Mahnung	2. Mahnung
22.03.	02.03.	Zweirad GmbH Herzogstr. 70 40251 Düsseldorf	788	21.02.	6.177,00		01.04.	15.04.
21.04.	01.04.	Radplus GmbH Gütersloher Str. 102 33415 Verl	934	22.03.	18.792,00			
05.05.	15.04.	Schöller & Co. OHG Parlamentsplatz 2 60385 Frankfurt a. Main	1086	05.04.	5.017,00			
05.05.	15.04.	Uwe Klein e.K. Am Wasserturm 4 66113 Saarbrücken	1103	05.04.	548,97			
22.05.	02.05.	Nordrad GmbH Alter Markt 28 18055 Rostock	1152	20.04.	18.096,00			
23.05.	03.05.	Interrad e.G. Großbeerenstr. 30 12107 Berlin	1186	20.04.	43.533,91			

Arbeitsaufträge

1 Formulieren Sie angemessene Mahnschreiben an die „fälligen" Kunden.
2 Berechnen Sie die Höhe der Verzugszinsen, die die Fly Bike Werke GmbH den Schuldnern in Rechnung stellen kann.
3 Diskutieren Sie, wie ein Unternehmen reagieren kann, wenn der Kunde auch auf das letzte Mahnschreiben nicht reagiert.
4 Erörtern Sie verschiedene Möglichkeiten, wie ein Unternehmen das Risiko, das von säumigen Zahlern ausgeht, vermindern kann.

Arbeitsblatt 17.1 | Zahlungsverzug – Rechte des Verkäufers

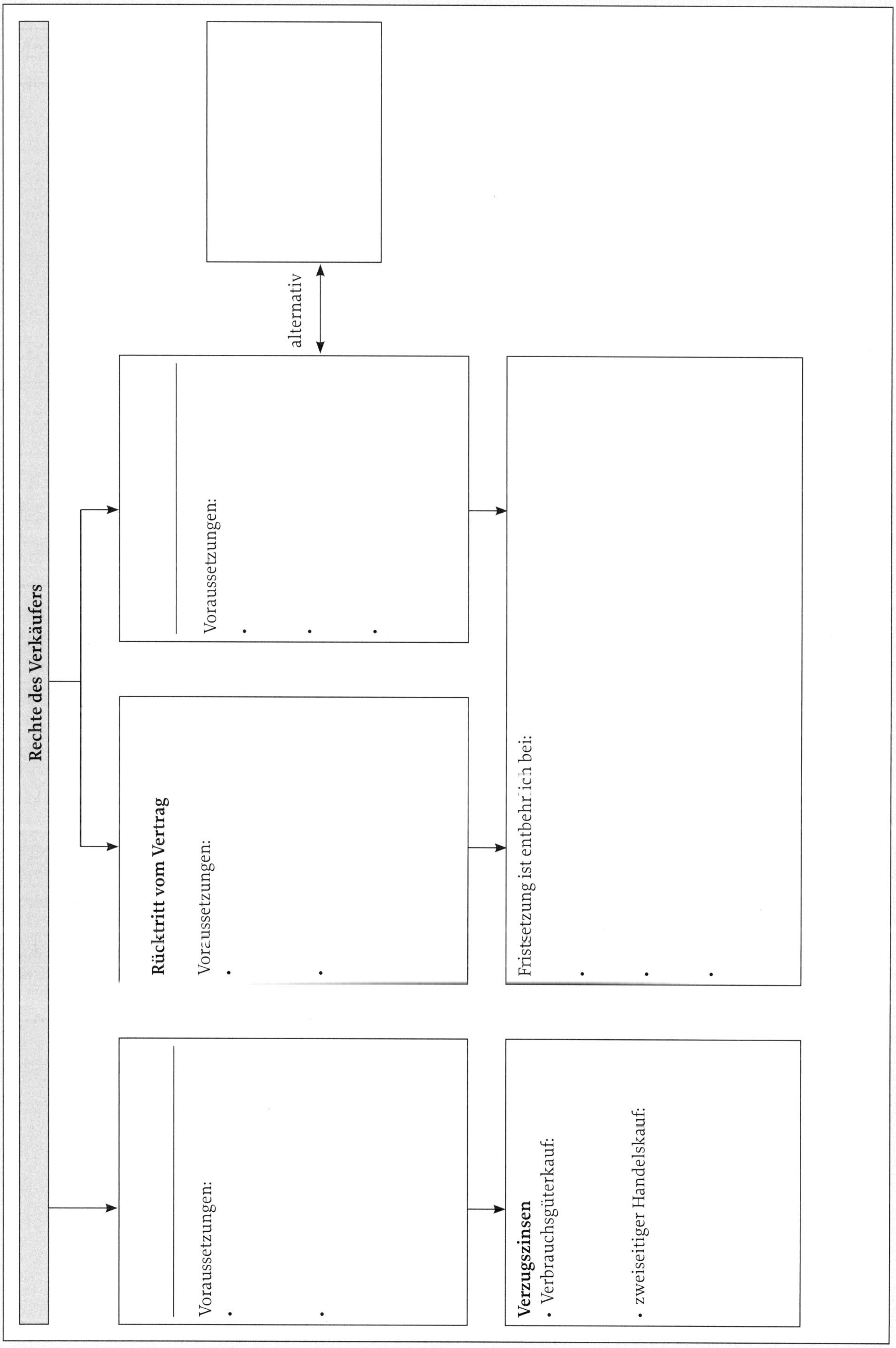

Aufgaben

Aufgabe 1

Richtig oder falsch?	richtig	falsch
a Für den Zahlungsverzug gelten teilweise die gleichen Bestimmungen des BGB wie für den Lieferungsverzug.	☐	☐
b Beim Zahlungsverzug hat der Gläubiger das Recht, auf Erfüllung des Vertrages weiterhin zu bestehen.	☐	☐
c Die Verzugszinsen, die im Falle des Zahlungsverzugs berechnet werden können, betragen laut HGB 4 % über dem Basiszinssatz.	☐	☐
d Das außergerichtliche Mahnverfahren ist auf jeden Fall anzuwenden, damit die Rechte aus dem Zahlungsverzug in Anspruch genommen werden können.	☐	☐
e Auf eine Mahnung darf verzichtet werden, wenn der Zahlungstermin kalendermäßig bestimmt war.	☐	☐
f Eine vierte Mahnung ist notwendig, um den Schuldner ordnungsgemäß in Verzug zu setzen.	☐	☐
g Im Falle des Zahlungsverzugs kann der Gläubiger jederzeit vom Vertrag zurücktreten.	☐	☐
h Das kaufmännische Mahnverfahren ist offiziell geregelt.	☐	☐

Aufgabe 2
Ein gewerblicher Kunde der Fly Bike Werke GmbH bestellt Waren im Wert von 250,00 €. Berechnen Sie, wie viel Verzugszinsen er bezahlen muss, wenn er die Rechnung der Fly Bike Werke GmbH 45 Tage zu spät begleicht. Recherchieren Sie den aktuellen Basiszinssatz im Internet.

Aufgabe 3
Notieren Sie, welche Vorteile mit der Einführung der Verbraucherinsolvenz für das Rechtsleben verbunden sind.

Aufgabe 4
Beschreiben Sie zwei Voraussetzungen, an die das Verbraucherinsolvenzverfahren geknüpft ist.

Aufgabe 5
Erläutern Sie die Rolle der Schuldnerberatung im Verbraucherinsolvenzverfahren.

→ TAF 11.2 | Kap. 3.6

Annahmeverzug

Situation

Die Nordrad GmbH hat im Rahmen einer Sonderverkaufsaktion bei der Fly Bike Werke GmbH diverse Fahrradmodelle und Zubehör fix zum 25. Januar um 14:00 Uhr bestellt. Die Bestellung wurde von Herrn Roß, einem von zwei Geschäftsführern, schriftlich bestätigt. Der Rechnungsbetrag beläuft sich einschließlich 19 % Umsatzsteuer auf 4.872,00 €.

Von: Regula Gerland
An: Sabine Ganser
Betreff: **Lieferung an Nordrad GmbH**

Liebe Frau Ganser,

gestern gegen 19:00 Uhr traf ich auf dem Betriebshof unseren Fahrer, Herrn Fiedler, der gerade von seiner Auslieferungstour zurückgekommen war. Er war noch ganz aufgeregt, denn es hatte einige Anstrengungen gekostet, die Lieferung für Nordrad wie vereinbart um 14:00 Uhr in Rostock abzuliefern.

Wie sich dann herausstellte, hatte der Kunde an diesem Tag geschlossen. Die Belegschaft feierte den 50. Geburtstag der Geschäftsführerin. Auch der Hausmeister konnte nicht weiterhelfen. Nach seiner Ansicht war es undenkbar, auf dem Betriebsgelände die Ware zu lagern, der Platz sei gar nicht vorhanden.

Herr Fiedler hat in dieser Situation das einzig Richtige getan. Weil er noch weitere Kunden anfahren musste und die Ware die übrige Ladung im Wagen blockierte, ist er zur Rostocker Lagerhaus AG außerhalb der Stadt gefahren und hat die Paletten dort einlagern lassen. Das hat ihn zwar ca. zwei Stunden Arbeitszeit und über 30 km Umweg gekostet, aber er konnte seine Tour dann zu Ende bringen.

Bitte übernehmen Sie den Fall. Schreiben Sie den Kunden an und weisen Sie ihn auf die Rechtslage hin. – Wenn es stimmt, was Herr Fiedler mir noch sagte, so bestärkt mich das in meiner Ansicht: Zwischen den beiden Geschäftsführern soll es wegen dieser Bestellung erheblichen Streit gegeben haben. Die Geschäftsführerin war wohl der Meinung, so viel Ware werde gar nicht benötigt und störe nur den betrieblichen Ablauf. Der Herr Roß solle sehen, wo er mit seiner Bestellung bleibt.

Aus meiner Sicht ist das Verhalten des Kunden unmöglich. Von unserer Seite dürfte klar sein, dass wir so nicht mit uns umgehen lassen. Wir sollten zunächst unsere Interessen in den Vordergrund stellen und unsere Rechtsposition wahrnehmen. Auf keinen Fall sollten wir uns gutmütig in Richtung Kulanz bewegen. Bitte halten Sie mich in dieser Sache auf dem Laufenden.

Viele Grüße

Regula Gerland

Arbeitsauftrag

1 Bearbeiten Sie den Vorgang in Vertretung für Frau Ganser.

Arbeitsblatt 18.1 | Annahmeverzug

§ 293 BGB	Der Gläubiger kommt in Verzug, wenn

Voraussetzungen für den Annahmeverzug

Haftung nach Eintritt des Annahmeverzuges	Verkäufer haftet für
	Käufer haftet für

Rechte des Verkäufers beim Annahmeverzug

ohne Nachfristsetzung

nach Ablauf einer angemessenen Nachfrist

Durchführung des Selbsthilfeverkaufs

Voraussetzungen:	Voraussetzungen:	Voraussetzungen:

Mindererlöse beim Selbsthilfeverkauf trägt der
Mehrerlöse beim Selbsthilfeverkauf erhält der

Aufgaben

Aufgabe 1
Stellen Sie fest, ob in den nachfolgenden Fällen ein Annahmeverzug vorliegt, und machen Sie jeweils einen Vorschlag, wie der Verkäufer reagieren sollte.

a Über einen Liefertermin ist im Kaufvertrag mit einem Neukunden nichts vereinbart worden. Die Großhandlung liefert am nächsten Werktag eine Palette handelsübliches Kopierpapier innerhalb der normalen Geschäftszeit an die vereinbarte Lieferadresse. Wegen eines Betriebsausfluges der Belegschaft des Käufers kann dort die Ware nicht angenommen werden.

b Eine Großhandlung liefert Tiefkühl-Pizza gemäß den Kaufvertragsvereinbarungen zur richtigen Zeit an den richtigen Ort in der richtigen Art und Weise per Kühl-Lkw an einen langjährigen Kunden. Die Annahme der Ware wird mit Bedauern abgelehnt, weil das Kühlhaus zurzeit repariert wird und ein alternativer Lagerort ortsnah nicht verfügbar ist. Die notwendige Kühltemperatur kann wahrscheinlich erst nach drei Werktagen wieder erreicht werden.

c Ein Großauftrag Fahrradrahmen mit Firmenlogo des Käufers wird trotz vertragsgemäßer Lieferung nicht angenommen, da der Käufer nach Abschluss des rechtsgültigen Kaufvertrages einen günstigeren Anbieter gefunden hat.

Aufgabe 2
Beim Rücktransport einer nicht angenommenen Ware durch einen Auslieferungsfahrer des Verkäufers verursacht der Fahrer aus Unachtsamkeit einen Verkehrsunfall ohne Fremdverschulden. Die nicht versicherte Ware wird vollständig zerstört. Beurteilen Sie, wer den Schaden trägt, wenn sich der Käufer im Annahmeverzug befindet.

Aufgabe 3
Eine Lkw-Ladung Mountainbikes im Nettowert von 240.000,00 € wird nicht angenommen (Annahmeverzug liegt vor). Da auf weitere Geschäftsbeziehungen mit diesem Kunden verzichtet werden soll, wird die Ware in einem öffentlichen Lagerhaus in der Nähe des Lieferortes eingelagert. Nach Ablauf einer Nachfrist und einer Mitteilung an den Käufer über den Ort und die Zeit wird die Ware im Rahmen eines Selbsthilfeverkaufs öffentlich versteigert. Dem Verkäufer sind durch den Annahmeverzug folgende Kosten entstanden (alle Werte zzgl. 19 % Umsatzsteuer):

- Arbeitszeit des Fahrers: 2 Stunden zu je 12,50 €
- gefahrene Kilometer: 52 km zu je 1,20 €
- Kosten der Lagerung: 1.200,00 €
- Schriftverkehr: zwei Schreiben an den Kunden zu je 2,50 €

Berechnen Sie in der folgenden Tabelle die Höhe der notwendigen Zahlungen zwischen Käufer und Verkäufer.

	Berechnung
a Der Versteigerungserlös liegt um 30 % unter dem vereinbarten Kaufpreis.	
b Der Versteigerungserlös entspricht dem vereinbarten Kaufpreis.	
c Der Versteigerungserlös liegt um 15 % über dem vereinbarten Kaufpreis.	

Lernsituation 19

FK → TAF 11.2 | Kap. 4

Betrieblicher Zahlungsverkehr

Situation

Bettina Lotto, die zurzeit in der Vertriebsabteilung eingesetzt ist, darf nach einer Schulung zum Umgang mit Kunden am Telefon inzwischen telefonische Bestellungen aufnehmen. Bei einem ihrer ersten Gespräche wird sie vom Kunden gefragt, ob die Fly Bike Werke GmbH die Bezahlung des Rechnungsbetrages auch per Kreditkarte akzeptiert. Weil Bettina sich nicht sicher ist, muss sie den Anrufer an eine Kollegin weiterleiten. Sie beschließt, sich über verschiedene Möglichkeiten des Zahlungsverkehrs zu informieren.

Arbeitsaufträge

1 Erstellen Sie eine Übersicht über die möglichen Zahlungsarten, deren Merkmale und die jeweiligen Vor- und Nachteile für die Fly Bike Werke GmbH. Nutzen Sie dazu das folgende Schema.

Zahlungsart	Merkmale	Vorteile für die Fly Bike Werke GmbH	Nachteile für die Fly Bike Werke GmbH

2 Entscheiden Sie begründet, welche dieser Zahlungsarten für die Fly Bike Werke GmbH grundsätzlich geeignet sind.

3 Recherchieren Sie, welche Zahlungsarten in Ihrem Praktikumsunternehmen genutzt werden. Begründen Sie etwaige Unterschiede zu Ihren Ergebnissen aus Arbeitsauftrag 2.

Arbeitsblatt 19.1 | Zahlungsarten

Zahlungsart	Erläuterung	Beispiele
	Weder Zahlender noch Zahlungsempfänger benötigt ein Girokonto	
halbbare Zahlung		Zahlschein, Zahlung per Nachnahme

Vergleich Lastschrift und Dauerauftrag		
	Dauerauftrag	**Lastschrift (Einzugsermächtigung und Abbuchungsauftrag)**
Wer veranlasst die Zahlung?		
besonders geeignet für ...		
Vorteile für den Zahlungspflichtigen		
Vorteile für den Zahlungsempfänger		

FK → TAF 11.2 | Kap. 4

Privater Zahlungsverkehr

Situation

Bettina Lottos 18-jährige Schwester Claudia geht noch zur Schule. Ihr Taschengeld reicht kaum, um die monatliche Handyrechnung zu bezahlen, und außerdem möchte Claudia sich auch noch einige „Extras" nebenbei leisten können. Deshalb hat sie einen Aushilfsjob im örtlichen Supermarkt angenommen. Ihr neuer Chef hat Claudia aufgefordert, ihm ihre Kontoverbindung zu geben, damit ihr Lohn überwiesen werden kann. Bisher hatte Claudia kein Girokonto und hat sich deshalb folgende Angebote besorgt.

– SPAR-BANK –

Girokonto

Kontoführung: 36,00 €/Jahr

*

darin enthalten:

- 20 beleghafte Buchungen pro Monat, jede weitere beleghafte Buchung 0,50 €
- Onlinebanking, Telefonbanking
- Kontoauszüge am Kontoauszugsdrucker
- Bankkarte, EC-Karte/MaestroCard
- Guthabenverzinsung 1 %
- Dispo-Kredit 500,00 € (10 % Zinsen)

*

Kreditkarte: Aufpreis 10 €/Jahr

Zusendung der Kontoauszüge: Aufpreis 0,70 € pro Monat

BB-BANK

Girokonto

Kontoführung: frei

darin enthalten:

- 8 beleghafte Buchungen pro Monat, jede weitere beleghafte Buchung 1,00 €
- Onlinebanking, Telefonbanking
- Kontoauszüge am Kontoauszugsdrucker
- Bankkarte
- kein Dispo

EC-Karte/MaestroCard: Aufpreis 3,00 €/Jahr

Kreditkarte: Aufpreis 15,00 €/Jahr

Zusendung der Kontoauszüge: Aufpreis 1,50 €/Monat

Arbeitsaufträge

1 Erläutern Sie Claudia, wozu man ein Girokonto generell benutzen kann.

2 Claudia ist unsicher, ob sie auch eine EC-Karte/MaestroCard und eine Kreditkarte braucht. Erstellen Sie eine Übersicht, in der Sie Vor- und Nachteile von EC-Karte/MaestroCard und Kreditkarte für den Nutzer darstellen.

3 Berechnen Sie, welches der beiden Angebote für Claudia kostengünstiger ist. Sie erwartet ca. 10 beleghafte Buchungen im Monat, möchte neben der Bankkarte auch eine EC-Karte/MaestroCard haben und rechnet mit einem durchschnittlichen monatlichen Guthaben von 150,00 €.

4 Erklären Sie Claudia, wie Onlinebanking funktioniert.

5 Nach einiger Zeit erhält Claudia eine E-Mail, die von ihrer Bank zu kommen scheint. In der E-Mail wird sie aufgefordert, ihren Anmeldenamen und ihre PIN fürs Onlinebanking an die Absenderadresse zu schicken.

a Recherchieren Sie, welche Sicherheitshinweise Ihre Bank zum Umgang mit E-Mails gibt und listen Sie sie kurz auf.

b Erklären Sie Claudia, wie sie reagieren sollte.

Arbeitsblatt 20.1 | Zahlungsarten im privaten Zahlungsverkehr

	POS (Electronic Cash)	ELV (elektronisches Lastschriftverfahren)
Der rechtmäßige Karteninhaber legitimiert sich durch ...		
Vor dem Zahlungsvorgang wird geprüft ...		
Ein Ausfallrisiko trägt ...		
Die Gebühren trägt ...		

Ablauf der Kreditkartenzahlung

Beschriften Sie die Pfeile mit den entsprechenden Zahlungsschritten und nummerieren Sie die Pfeile entsprechend.

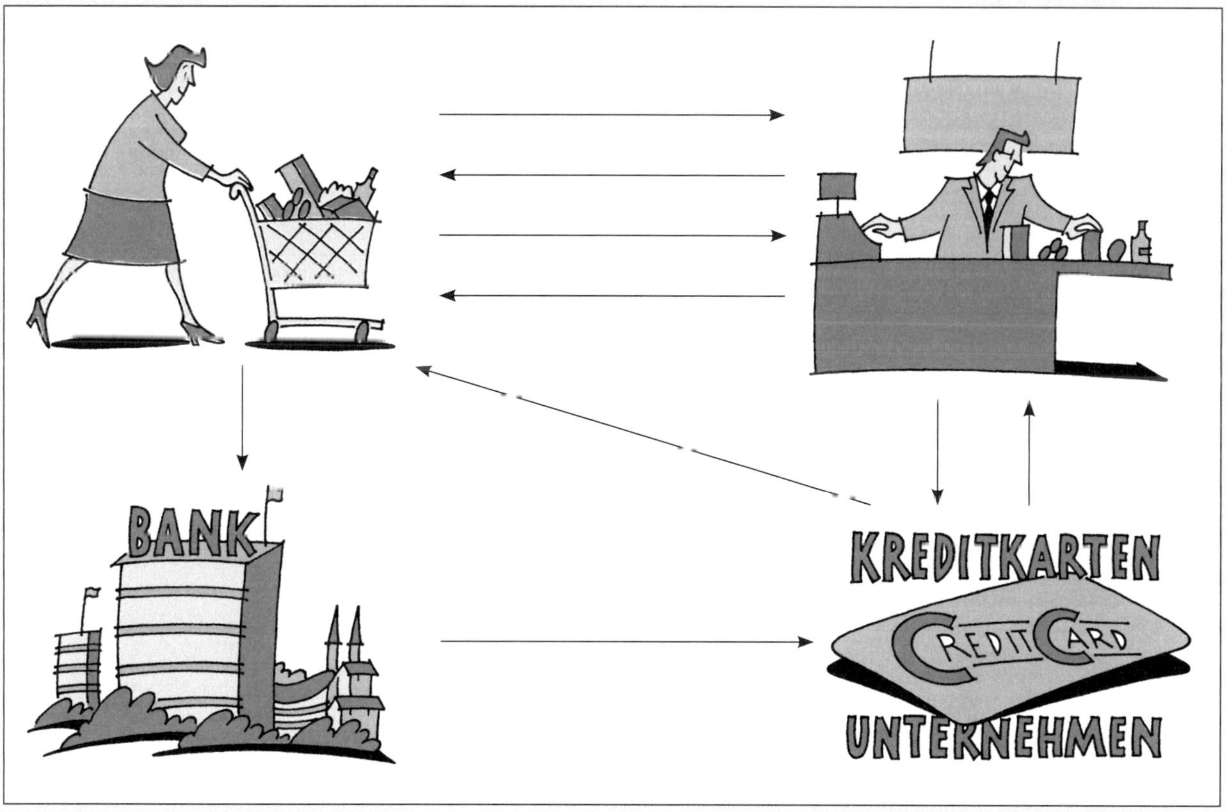

Aufgaben

Aufgabe 1
Nennen Sie Situationen im Alltag, in denen Sie (noch) mit Bargeld bezahlen. In welchen dieser Situationen könnten Sie auch bargeldlos bezahlen? Nennen Sie mögliche Vorteile der Barzahlung im Vergleich zur bargeldlosen Zahlung.

Aufgabe 2
Mutmaßen Sie, warum viele Banken gebührenfreie Girokonten für Jugendliche anbieten.

Aufgabe 3
Recherchieren Sie das Zahlungsverhalten von Privatkunden in Schweden. Inwieweit unterscheidet es sich von deutschen Zahlungsgewohnheiten beim Einkaufen?

Aufgabe 4
Erläutern Sie den Unterschied zwischen einer debit card und einer Kreditkarte.

Aufgabe 5
Geben Sie die Bedeutung der unten stehenden Symbole an. Recherchieren Sie ggf. im Internet.

Aufgabe 6
Mutmaßen Sie, warum immer mehr Unternehmen ihren Kunden eigene Kundenkarten mit Zahlungsfunktion anbieten.

Aufgabe 7
Betrachten Sie die untenstehende Grafik. Diskutieren Sie mögliche Gründe dafür, dass das Onlinebanking in Deutschland immer beliebter wird.

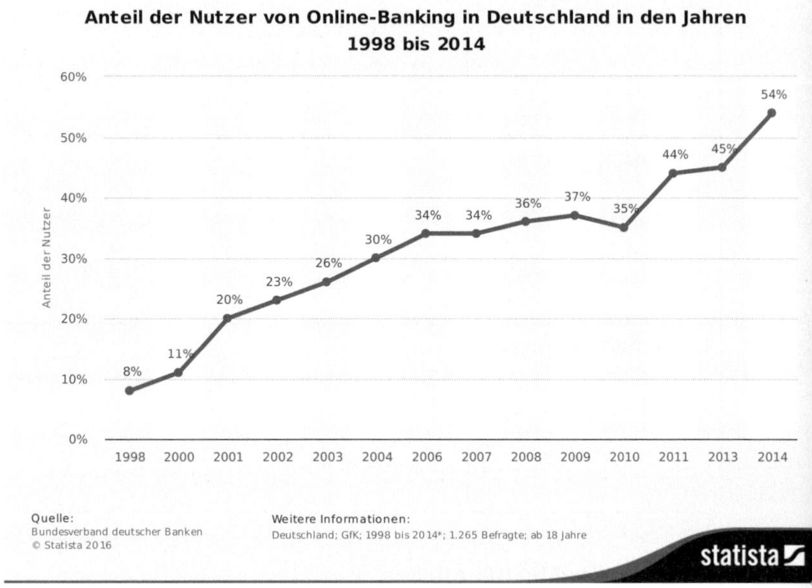

electronic cash, girocard	
SEPA Lastschrift	
GeldKarte	
cirrus	
maestro	

TAF 11.2 Selbsteinschätzungsbogen

Ich kann ...	Kann ich	Kann ich nicht
Beschaffung von Produkten und Dienstleistungen		
1. ... Bezugsquellen ermitteln und Anfragen gemäß der DIN 5008 verfassen.		
2. ... Angebote nach vorgegeben Kriterien (z.B. Preis, Qualität/Ruf eines Lieferanten, Lieferzeit) auswerten und eine zielgerichtete Auswahl treffen.		
Der Kaufvertrag und andere Vertragsarten		
1. ... überprüfen, um welche der im Kapitel aufgeführten Vertragsarten es sich bei einem mir vorliegenden Schriftstück handelt.		
2. ... bei einer Person feststellen, welche Form der Geschäftsfähigkeit vorliegt, und daraus ableiten, ob und in welchem Umfang sie rechtswirksam Verträge abschließen darf.		
3. ... den Zweck von Allgemeinen Geschäftsbedingungen (AGB) erklären.		
4. ... Verpflichtungs- und Erfüllungsgeschäft zuordnen.		
Kaufvertragsstörungen		
1. ... zwischen offenen und versteckten Mängel differenzieren.		
2. ... die vier Gewährleitungsfristen auf konkrete Fälle anwenden.		
3. ... beurteilen, ob in einem Gewährleistungsfall vorrangiges oder nachrangiges Recht anzuwenden ist.		
4. ... beurteilen, wann ein Liefer- und wann ein Zahlungsverzug vorliegt.		
5. ... die Schritte des gerichtlichen Mahnverfahrens erläutern.		
6. ... die Hauptaufgaben einer Schuldnerberatungsstelle nennen.		
Zahlungsvorgänge		
1. ... die Unterschiede zwischen den Kreditkartentypen darstellen.		
2. ... die Möglichkeiten nennen, die mir eine Bankkarte eröffnet.		
3. ... die Risiken moderner Zahlungsmethoden (z.B. Onlinebanking und Electronic Cash) beurteilen.		

Lernsituation 21

FK → TAF 11.3 | Kap. 1.1.1

Rechtliche Grundlagen des Rechnungswesens

Situation

Werner Freitag hat sich selbstständig gemacht. Durch gute Kontakte zu verschiedenen Lebensmitteldiscountern und deren Lieferanten ist es ihm gelungen, preisgünstig an Sonderposten aller Art von verschiedenen Filialunternehmen zu gelangen. Diese in Werbeaktionen der Filialisten nicht vollständig abgesetzten Waren übernimmt er in großen Mengen und mit einem kräftigen Preisnachlass zur Weiterveräußerung. Zuerst hat er diese Waren auf Trödelmärkten an Wochenenden angeboten – nebenberuflich. Als weiterer Absatzweg ist dann das Internet hinzugekommen. Ebay-Powerseller mit fast ausschließlich sehr guten Bewertungen, das lohnt sich – macht aber auch viel Arbeit. Seinen Hauptjob hat er deshalb aufgeben müssen. Für den ganzen „Bürokram" hat er jetzt eine Mitarbeiterin eingestellt. Sein Steuerberater hat ihm erfreut mitgeteilt, dass er in diesem Jahr 420.000,00 € Umsatz erzielt hat und der Gewinn 64.000,00 € betrug.

Arbeitsauftrag

1 Beurteilen Sie, ob Herr Freitag nach den folgenden Gesetzen buchführungspflichtig ist.

Handelsgesetzbuch

§ 1 HGB

(1) Kaufmann im Sinne dieses Gesetzbuchs ist, wer ein Handelsgewerbe betreibt.

(2) Handelsgewerbe ist jeder Gewerbebetrieb, es sei denn, dass das Unternehmen nach Art oder Umfang einen in kaufmännischer Weise eingerichteten Geschäftsbetrieb nicht erfordert.

§ 238 HGB Buchführungspflicht

(1) Jeder Kaufmann ist verpflichtet, Bücher zu führen. [...]

§ 241a HGB Befreiung von der Pflicht zur Buchführung und Erstellung eines Inventars

Einzelkaufleute, die an den Abschlussstichtagen von zwei aufeinander folgenden Geschäftsjahren nicht mehr als 600.000 Euro Umsatzerlöse und 60.000 Euro Jahresüberschuss aufweisen, brauchen die §§ 238 bis 241 nicht anzuwenden. Im Fall der Neugründung treten die Rechtsfolgen schon ein, wenn die Werte des Satzes 1 am ersten Abschlussstichtag nach der Neugründung nicht überschritten werden.

Abgabenordnung

§ 140 AO Buchführungs- und Aufzeichnungspflichten nach anderen Gesetzen

Wer nach anderen Gesetzen als den Steuergesetzen Bücher und Aufzeichnungen zu führen hat, die für die Besteuerung von Bedeutung sind, hat die Verpflichtungen, die ihm nach den anderen Gesetzen obliegen, auch für die Besteuerung zu erfüllen.

§ 141 AO Buchführungspflicht bestimmter Steuerpflichtiger

(1) Gewerbliche Unternehmer sowie Land- und Forstwirte, die nach den Feststellungen der Finanzbehörde für den einzelnen Betrieb

1. Umsätze einschließlich der steuerfreien Umsätze [...] von mehr als 600.000 Euro im Kalenderjahr oder [...]

4. einen Gewinn aus Gewerbebetrieb von mehr als 60.000 Euro im Wirtschaftsjahr [...] gehabt haben,

sind auch dann verpflichtet, für diesen Betrieb Bücher zu führen und aufgrund jährlicher Bestandsaufnahmen Abschlüsse zu machen, wenn sich eine Buchführungspflicht nicht aus § 140 ergibt.

[...]

Arbeitsblatt 21.1 | Buchführungspflicht und GoB

Ein gewerblicher Unternehmer ist gesetzlich buchführungspflichtig nach:

	und/oder	

wenn er:

wenn

sein Jahresumsatz >	oder
sein Gewinn >	sind.

Die Buchführung muss so beschaffen sein, dass

ein ________________________________

in ________________________________

einen ________________________________

und einen ________________________________

________________________________.

Ist die Buchführung eines Unternehmens nicht ordnungsgemäß, dann drohen nach § 283 StGB

________________ oder ________________.

Grundsätze ordnungsmäßiger Buchführung (GoB)

Die Gebote der ________________ und ________________ besagen, dass kein Geschäftsvorfall in der Buchführung unberücksichtigt bleiben darf oder falsch erfasst wird. Dabei muss die Buchführung ________________ erfolgen. Kasseneinnahmen und -ausgaben sollen ________________ erfasst werden. Für jede Buchung muss ein ________________ vorhanden sein. Eine ________________ der Belege ist notwendig. Handelsbücher und Aufzeichnungen müssen in einer ________________ geführt werden. Die ________________ der Buchführung in Deutschland ist der ________________.
Eintragungen oder Aufzeichnungen dürfen nicht in einer Weise verändert werden, dass der ________________ nicht mehr feststellbar ist. Verboten sind z. B. ________________, ________________ oder Überschreiben. Alle Buchführungsunterlagen müssen nach gesetzlichen Zeitvorgaben ________________ werden; im Original oder auf ________________.

Begriffe: aufbewahrt, Beleg, Bild- oder Datenträgern, Bleistifteintragungen, Euro, geordnete Ablage, lebenden Sprache, Radieren, Richtigkeit, täglich, ursprüngliche Inhalt, Vollständigkeit, Währung, zeitgerecht.

Aufgaben

Aufgabe 1
Geben Sie an, wann nachfolgende Unterlagen der Buchführung vernichtet werden dürfen.

Unterlage	Entstehungsdatum	Frühestes Vernichtungsdatum	Aufbewahrungsfrist in Jahren
Bilanz zum 31.12.2016	05.03.2017		
Bestellung einer Warenlieferung	17.04.2016		
Ausgangsrechnung an einen Kunden	22.09.2013		
Angebot an einen Kunden (Kopie)	22.09.2015		
Kontoauszug der Bank	22.07.2014		

Aufgabe 2
Beachten Sie den nachfolgend abgebildeten Beleg und beantworten Sie die anschließenden Fragen.

a Wie lange muss die Fly Bike Werke GmbH diesen Beleg aufbewahren?

b Wann kann dieser Beleg frühestens (Datum angeben!) vernichtet werden?

c Wie kann die Fly Bike Werke GmbH diesen Beleg aufbewahren?

d Wie könnte der Beleg am Ende der Aufbewahrungsfrist vernichtet werden?

Posteingang: 29.12.2016

Color GmbH
Ludwigshafen

Color GmbH, Hafenstr. 125, 67061 Ludwigshafen

Fly Bike Werke GmbH
Rostocker Straße 334
26121 Oldenburg

Kunden-Nr.: 424
Ansprechpartner: Frau Reineke
Telefon: 0621 582664
Lieferschein-Nr.: 4292
Lieferdatum: 25.12.2016
Rechnungsdatum: 28.12.2016

Rechnungsprüfung
Sachlich richtig — Datum: 29.12.2016 Nz: Ta
Rechnerisch richtig — Datum: 29.12.2016 Nz: Ta

Rechnung Nr.: 4292

Pos.	Artikel-Nr.	Artikelbezeichnung	Menge	Preis je Einheit	Gesamtpreis
1	900100	Klarlack	200 Liter	3,45 €	690,00 €
2	800200	Spezialgrundierung für Edelstähle	200 Liter	2,45 €	490,00 €
3	700100	Standardfarbe „gelb"	20 Liter	4,30 €	86,00 €
4	700821	Sonderfarbe „morror-polish"	120 Liter	6,00 €	720,00 €
5	702400	Sonderfarbe „lemon squash"	120 Liter	6,00 €	720,00 €

Warenwert	Verpackungskosten	Transportkosten	Nettorechnungsbetrag	Umsatzsteuer 19 %	Bruttorechnungsbetrag
2.706,00 €	–	–	2.706,00 €	514,14 €	3.220,14 €

Zahlungsziel 30 Tage, bei Zahlung innerhalb von 8 Tagen 2 % Skonto (= 64,40 €).

FK → IAF 11.3 | Kap. 2.1

Wertermittlung bei der Inventur

Situation

Die Praktikantin Melanie Klein hat im Rahmen der Inventur die Aufgabe bekommen, den Bestand an GoreTex-Shirts „körperlich" zu überprüfen. Sie hat getrennt nach Artikelnummern gezählt und die Inventurmengen in die Inventurliste eingetragen. Dabei fielen ihr Abweichungen von den Mengen der Lagerbuchführung auf. Einen Wasserschaden hat sie auch auf der Inventurliste vermerkt. Jetzt sitzt sie wieder im Büro und hat eine Liste mit Einstandspreisen der Einkaufsabteilung vor sich. Sie soll einen Gesamtwert für alle Shirts berechnen und kommt damit nicht so richtig klar.

Fly Bike Werke GmbH

Inventurliste Handelswaren

Warengruppe 701 Shirts Steff, GoreTex

Aufnahmetag: *03.01.20X1*
Jahr 20XX

Artikel Nr.	Artikelbezeichnung	Lagermenge gem. Lagerbuchhaltung **Sollwert/ Stück**	Inventurmenge **Istwert/ Stück**	Einstandspreise der Bestände **€/Stück**	Einkaufswert der Inventurmenge je Artikel **in €**	Wertminderungen je Artikel **in €**	Gesamtinventurwert **in €**
701L	Shirt STEFF superfast Größe L	122	120				
701M	Shirt STEFF superfast Größe M	146	145				
701S	Shirt STEFF superfast Größe S	59	60				
701XL	Shirt STEFF superfast Größe XL	212	211				
701XXL	Shirt STEFF superfast Größe XXL	22	22				
				Gesamtinventurwert Warengruppe			

Wertminderungen (ohne Daten der Einkaufsabteilung):
Wasserschaden Artikel 701XL, 20 Stück durchnässt und verschmutzt – Ware unverkäuflich!

Daten der Einkaufsabteilung am 31.12.20XX (Inventurstichtag): Einstandspreise pro Stück

Artikel-Nr.	Bezeichnung	Einstandspreise der vorhandenen Shirts in €	Einstandspreise gem. aktuellen Preislisten in €
701L	Shirt STEFF superfast Größe L	16,95	14,95
701M	Shirt STEFF superfast Größe M	14,95	14,95
701S	Shirt STEFF superfast Größe S	14,95	14,95
701XL	Shirt STEFF superfast Größe XL	16,95	14,95
701XXL	Shirt STEFF superfast Größe XXL	17,95	16,95

Arbeitsaufträge

1 Helfen Sie Frau Klein. Ermitteln Sie den Gesamtwert der tatsächlich vorhandenen einwandfreien GoreTex-Shirts unter Berücksichtigung der aktuellen Einstandspreise.

2 Begründen Sie Ihre Bewertungsentscheidungen.

Arbeitsblatt 22.1 | Inventur

Inventur ist	

Unterscheidung der Inventur hinsichtlich der Art ihrer Durchführung

		Inventurart	**Inventurtätigkeiten**	**Beispiele**
körperliche Gegenstände	→			
	→	Buchinventur		

Unterscheidung der Inventur hinsichtlich des Zeitpunkts der Durchführung

Stichtagsinventur	______ **Inventur**	______ **Inventur**
Aufnahmezeiten:	Aufnahmezeiten:	Aufnahmezeiten:
Voraussetzungen:	Voraussetzungen:	Voraussetzungen:

Nachteile der Stichtagsinventur:	
Ziele der Inventur am Geschäftsjahresende:	

Aufgaben

Aufgabe 1

In einem Industrieunternehmen wurden folgende Inventurwerte für Fahrradanhänger aufgenommen. Ermitteln Sie den Gesamtinventurwert der Fahrradanhänger.

Inventurliste Fahrradanhängerprogramm					Aufnahmetag: 30.12.20XX	
					Jahr: 20XX	Seite: 1
Artikel Nr.	**Bezeichnung**	**Menge**	**Einstandspreis in €**	**Wert in €**	**Wertminderung**	**Gesamtwert in €**
60100	Modell Kelly	6	60,00		keine	
60200	Modell Mini	1	70,00		keine	
60300	Modell Max	20	80,00		5 %[1]	
60400	Modell Kids	14	110,00		keine	
60500	Modell Sven	2	130,00		50 %[2]	
				Gesamtinventurwert Fahrradanhänger		
Wertminderungen: [1] gesunkener Marktpreis [2] Beschädigungen						
Aufgenommen: *Meier*		Geprüft: *Gilles*				

Aufgabe 2

Bei der Inventur am 31.12. wird im Lager eines Industrieunternehmens ein Bestand von 12 Kartons Kopierpapier zu je 2500 Blatt aufgenommen. Folgende Lieferungen sind im Geschäftsjahr eingegangen:

Datum	Anzahl	Einstandspreis in €	Gesamtwert
02.02.	40 Kartons	5,00	
15.04.	20 Kartons	5,60	
02.06.	30 Kartons	5,25	
12.08.	45 Kartons	5,50	
14.10.	32 Kartons	5,60	
04.12.	16 Kartons	5,80	
Summe		Ø	
31.12.20XX Endbestand	12 Kartons		

Ermitteln Sie den Wert des Inventurbestandes des Kopierpapiers nach dem gewogenen Durchschnittsverfahren (keine Wertminderungen!).

Aufgabe 3

Ermitteln Sie den Wert des Inventurbestandes für einen Hilfsstoff nach dem gewogenen Durchschnittsverfahren (keine Wertminderungen!).

Bestände Einkäufe	Menge in Stück	Einstandspreis je Stück in €	Einstandspreis in € (Bestände/ Lieferungen)
01.01.20XX Anfangsbestand	760	16,80	
02.02.20XX	340	17,40	
16.05.20XX	358	16,90	
01.08.20XX	732	16,92	
30.11.20XX	670	17,10	
Summe		Ø	
31.12.20XX Endbestand	380		

Aufgabe 4

Bearbeiten Sie die nachfolgenden Aufgaben.

a Begründen Sie, warum aufbewahrungspflichtige Unterlagen nach Ablauf der Aufbewahrungsfrist immer erst zu Beginn eines neuen Geschäftsjahres vernichtet werden.
b Beschreiben Sie die Auswirkungen, die eine vorzeitige Vernichtung von aufbewahrungspflichtigen Buchführungsunterlagen für das Unternehmen haben kann.
c Nennen Sie die Gesetze, in denen die Aufbewahrungspflicht festgelegt wird.
d Geben Sie die Aufbewahrungsfristen an.
e Nennen Sie für jede Aufbewahrungsfrist zwei Beispiele.

Aufgabe 5

Das Geschäftsjahr eines Industriebetriebes endet am 30.06.

a In welchem Zeitraum kann die verlegte Inventur durchgeführt werden? (Jeweils das Datum für den Beginn und das Ende des Inventurzeitraumes angeben!)
b Am 07.07. wird durch körperliche Bestandsaufnahme ein Wert von 16.250,00 € für City-Räder Surf festgestellt. Im Zeitraum vom 01.07. bis zum 06.07. sind City-Räder Surf im Wert von 25.000,00 € (200 Räder) produziert und (alle Wertangaben = Herstellungskosten) für 15.625,00 € (125 Räder) verkauft worden. Ermitteln Sie den Wert dieses Erzeugnisses zum Stichtag (30.06.) und nennen Sie die Vorteile der verlegten Inventur.

Aufgabe 6

Beantworten Sie schriftlich die nachfolgenden Fragen zur Inventur.

a Nennen Sie die Anlässe, zu denen eine Inventur erfolgen muss.
b Stellen Sie die Bestandsfortschreibung per EDV für ein fertiges Erzeugnis dar.
c Nennen Sie drei Gründe, warum die Bestandsfortschreibung per EDV (Stückzahl) für ein fertiges Erzeugnis von der Inventurmenge der körperlichen Inventur abweichen könnte.
d Geben Sie fünf Vermögenswerte an, die im Rahmen der Buchinventur erfasst und bewertet werden.
e Was versteht man unter Inventurdifferenzen?
f Begründen Sie, warum in der Inventur für Handelswaren der bezahlte Einstandspreis nicht immer der alleinige Bewertungsmaßstab sein kann.
g Nennen Sie den Wert, mit dem selbst erstellte Erzeugnisse in der Inventur erfasst werden müssen.
h Definieren Sie den Begriff Saldenbestätigungen und geben Sie an, wer Saldenbestätigungen ausstellen kann.
i Beschreiben Sie die Güter, die stets in einer Stichtagsinventur erfasst werden müssen.
j Nennen Sie die Voraussetzungen und die Vor- und Nachteile der permanenten Inventur.

Aufgabe 7

Ermitteln Sie den Inventurwert für den Warengruppenbereich „Shorts" mithilfe der unten abgebildeten Inventurliste.

Inventurliste Handelswaren
Warengruppenbereich: Shorts

Aufnahmetag: 03.01.20X1
Jahr 20XX — Seite 1

		Lagermenge gem. Lagerbuchhaltung	Inventurmenge	Einstandspreise der Bestände	Einkaufswert der Inventurmenge je Artikel	Wertminderungen je Artikel	Gesamtinventurwert
Artikel Nr.	Artikelbezeichnung	Sollwert/ Stück	Istwert/ Stück	€/Stück	in €	in €	in €
801L	Short „Kenn" superfast Größe „L"	212	200				
801M	Short „Kenn" superfast Größe „M"	242	244				
801S	Short „Kenn" superfast Größe „S"	54	54				
801XL	Short „Kenn" superfast Größe „XL"	212	211				
801XXL	Short „Kenn" superfast Größe „XXL"	180	176				
Gesamtinventurwert Warengruppe Short Modell „Kenn"							

Wertminderungen (ohne Daten der Einkaufsabteilung):
Wasserschaden Artikel 801XL, Menge 25 Stück durchnässt und verschmutzt – Ware unverkäuflich!

Artikel Nr.	Artikelbezeichnung	Einstandspreise der vorhandenen Shorts	Einstandspreise laut aktuellen Preislisten
801L	Short „Kenn" superfast Größe „L"	18,30 €	18,95 €
801M	Short „Kenn" superfast Größe „M"	18,60 €	18,95 €
801S	Short „Kenn" superfast Größe „S"	18,00 €	18,95 €
801XL	Short „Kenn" superfast Größe „XL"	21,40 €	19,95 €
801XXL	Short „Kenn" superfast Größe „XXL"	22,00 €	19,95 €

FK → TAF 11.3 | Kap. 2.2 und 2.3

Inventar und Bilanz erstellen und vergleichen

Situation

In der Möbelfabrik Walter Rolles e.K. sind die Inventurarbeiten schon abgeschlossen. Das Inventar und die Bilanz für das Geschäftsjahr müssen erstellt werden. Dabei sollen in einem Arbeitsgang die aktuellen Werte denen des Vorjahres gegenübergestellt werden. Herr Rolles wartet gespannt auf die Daten. Welche Werte haben sich geändert? Welche Gründe gab es für wichtige Änderungen? Ist sein Eigenkapital gestiegen?

Inventar	20X1	20X2
Grundstücke und Bauten	€	€
Westweg 12, Würzburg	140.000,00	140.000,00
Waldstr. 14, Würzburg	92.000,00	92.000,00
Verwaltungsgebäude Westweg 12, Würzburg	285.000,00	265.000,00
Produktions- und Lagerhallen Waldstr. 14, Würzburg	112.000,00	106.000,00
Technische Anlagen und Maschinen lt. Verzeichnis 1	238.000,00	190.000,00
Betriebs- und Geschäftsausstattung lt. Verzeichnis 2	370.000,00	168.000,00
Roh-, Hilfs- und Betriebsstoffe lt. Verzeichnis 3	86.000,00	92.000,00
Unfertige Erzeugnisse lt. Verzeichnis 4	46.000,00	38.000,00
Fertige Erzeugnisse lt. Verzeichnis 5	124.000,00	144.000,00
Forderungen a. L. L.		
Küchenstudio Gerd Roose, Würzburg	34.300,00	25.100,00
Küchen Karl Sommer, Frankfurt	8.100,00	21.100,00
Kasse	12.400,00	3.200,00
Bankguthaben Kreissparkasse Würzburg, Würzburg	22.000,00	32.500,00
Bankguthaben Deutsche Bank, Würzburg	14.500,00	2.100,00
Langfristige Bankverbindlichkeiten		
Hypothek: Deutsche Bank, Würzburg	190.000,00	185.000,00
Darlehen: Deutsche Bank, Würzburg	263.500,00	252.200,00
Verbindlichkeiten a. L. L.		
Spanplattenwerk Weser AG, Bremen	52.800,00	29.600,00
Holzimport Teibel, Emden	48.600,00	42.400,00

Arbeitsaufträge

Beantworten Sie die Fragen von Herrn Rolles. Verwenden Sie hierfür die Arbeitsblätter 23.1 und 23.2.

1. Erstellen Sie für beide Geschäftsjahre ein Inventar.
2. Erstellen Sie für beide Geschäftsjahre die Bilanz.
3. Ermitteln Sie für beide Geschäftsjahre das Eigenkapital.
4. Ermitteln Sie die Veränderungen zwischen den beiden Geschäftsjahren in Euro für
   - **a** das Anlagevermögen,
   - **b** das Umlaufvermögen,
   - **c** die lang- und kurzfristigen Schulden,
   - **d** das Eigenkapital.
5. Nennen Sie für die Inventarposten Grundstücke und Bauten, TA und Maschinen, fertige Erzeugnisse und langfristige Bankverbindlichkeiten mögliche Gründe für die Werteveränderungen.

Arbeitsblatt 23.1 | Inventar der Möbelfabrik Walter Rolles e. K.

Inventar der				
Vermögens- und Schuldenarten, Eigenkapital	Vorjahr 20X1 in €		Berichtsjahr 20X2 in €	
	Einzelwerte	Gesamtwerte	Einzelwerte	Gesamtwerte
A. Vermögen				
I. Anlagevermögen				
1.				
II.				
1.				
Summe des Vermögens				
B.				
I.				
II.				
Summe der Schulden				
C.				
Summe des				
– Summe der				
=				

Arbeitsblatt 23.2 | Bilanz der Möbelfabrik Walter Rolles e.K.

Aktiva	Bilanzwerte der				Passiva
	Vorjahr	Berichtsjahr		Vorjahr	Berichtsjahr
A.			A.		
1.			B.		
2.			1.		
3.					
B.			2.		
1.					
2.					
3.					
4.					
5.					
6.					

Werteveränderungen	Vorjahr	Berichtsjahr	Veränderung	Mögliche Gründe
Anlagevermögen				
Umlaufvermögen				
Langfristige Schulden				
Kurzfristige Schulden				
Eigenkapital				

Arbeitsblatt 23.3 | Inventar

Das Inventar ist ein	
Überschrift	

	______spalte	______spalte	
A. Vermögen I. Anlagevermögen (Beispiele siehe unten)	Einzelwerte in €	Gesamtwerte in €	
1. ______			Vermögenswerte, die
______	240.000,00		
______	420.000,00		
2. ______		80.000,00	
3. ______		278.000,00	
II. ______			Vermögenswerte, die
1. ______		72.000,00	
2. ______		112.000,00	
3. ______		46.600,00	
4. ______		52.000,00	
5. ______		34.000,00	
6. ______		7.250,00	
7. ______		80.400,00	
Summe des ______			
B. ______			
I. ______			Schulden mit einer Restlaufzeit von über
1. ______			
______	600.000,00		
______	180.000,00		
II. ______			Schulden mit einer Restlaufzeit bis zu
1. ______		64.600,00	
2. ______		23.900,00	
Summe der ______			
C. ______			
Summe des ______			
– Summe der ______			
=			

Das Inventar muss ______ Jahre aufbewahrt werden.

Beispiele in alphabetischer Reihenfolge:

Bankdarlehen
Bankguthaben
Betriebs- und Geschäftsausstattung (BGA)
Fertige Erzeugnisse
Forderungen aus Lieferungen und Leistungen (a. L. L.)
Gebäude
Grundstück
Grundstücke und Bauten
Handelswaren
Hypothekendarlehen
Kassenbestand
Kurzfristige Schulden
Langfristige Bankverbindlichkeiten
Langfristige Schulden
Roh-, Hilfs- und Betriebsstoffe
Schulden (Verbindlichkeiten)
Sonstige Verbindlichkeiten
Technische Anlagen (TA) und Maschinen
Umlaufvermögen
Unfertige Erzeugnisse
Verbindlichkeiten aus Lieferungen und Leistungen (a. L. L.)

Arbeitsblatt 23.4 | Bilanz

Die Bilanz ist	
Die Bilanzwerte werden durch eine	ermittelt.

zeigt:

- ______
- ______
- = Vermögen
- = ______

Aktiva		**Passiva**	
A. Anlagevermögen (Beispiele s. u.)		**A.**	
1.	660.000,00	**B.**	
2.		1.	
	80.000,00		780.000,00
3.		2.	64.600,00
	278.000,00	3.	
			23.900,00
B.			
1.	72.000,00		
2.	112.000,00		
3.	46.600,00		
4.	52.000,00		
5.	34.000,00		
6.	7.250,00		
7.	80.400,00		

zeigt:

- ______
- ______
- = Kapital
- = ______

Summe des ______

= Summe des ______

Anlagevermögen + Umlaufvermögen	= ______	Eigenkapital + Schulden	= ______
Vermögen – Schulden	= ______	Gesamtkapital – Umlaufvermögen	= ______

Beispiele in alphabetischer Reihenfolge:

Bankguthaben
Betriebs- und Geschäftsausstattung (BGA)
Eigenkapital
Fertige Erzeugnisse
Forderungen a. L. L.
Grundstücke und Bauten
Handelswaren
Kassenbestand
Langfristige Bankverbindlichkeiten
Roh-, Hilfs- und Betriebsstoffe
Sonstige Verbindlichkeiten
Technische Anlagen (TA) und Maschinen
Umlaufvermögen
Unfertige Erzeugnisse
Verbindlichkeiten a. L. L.
Verbindlichkeiten oder Schulden (Fremdkapital)
Handelswaren

Aufgaben

Aufgabe 1

Ein Unternehmen ermittelt folgende Werte für seine Inventarposten (ungeordnete Reihenfolge).

a Ordnen Sie die Beträge der Inventarposten den Ziffern 1 bis 4 der nachfolgenden Übersicht zu.

b Ermitteln Sie für jede Ziffer (1–4) den Gesamtwert.

c Ermitteln Sie das Gesamtvermögen, die Gesamtschulden und das Eigenkapital in Euro.

Inventarposten in €		A. Vermögen		B. Schulden	
		I. Anlagevermögen	II. Umlaufvermögen	I. Langfristige Schulden	II. Kurzfristige Schulden
		1	2	3	4
Bankguthaben	14.600,00				
Kassenbestand	2.000,00				
Darlehensschulden (Restlaufzeit 8 Jahre)	180.000,00				
Forderungen aus Lieferungen und Leistungen	40.000,00				
Fuhrpark	40.000,00				
Gebäude	360.000,00				
Betriebs- und Geschäftsausstattung	110.000,00				
Grundstücke	200.000,00				
Hypothekendarlehen (Restlaufzeit 16 Jahre)	280.000,00				
Maschinen	96.500,00				
Verbindlichkeiten aus Lieferungen und Leistungen	32.000,00				
Rohstoffe	62.000,00				
Wertpapiere als kurzfristige Geldanlage	24.500,00				
Summe					

Aufgabe 2

Ordnen Sie die folgenden Vermögensgegenstände bzw. Schulden den in der Aufgabe 1 genannten Inventarposten zu.

a Lastkraftwagen
b Stahlrohre
c Bargeld
d Schreibtische
e Lagerhalle
f Verpackungsmaschine
g Unbezahlte Liefererrechnung
h Unbezahlte Rechnung an einen Kunden
i Aktien der Müller AG
j Gutschrift auf dem Bankkonto

Aufgabe 3

Stellen Sie fest, ob nachfolgende Aussagen für die Inventur und/oder das Inventar und/oder die Bilanz eines Unternehmens zutreffend sind.

	Inventur		Inventar		Bilanz	
	zutreffend	nicht zutreffend	zutreffend	nicht zutreffend	zutreffend	nicht zutreffend
a Aufnahme aller Vermögenswerte und Schulden, z. B. durch Messen, Zählen, Wiegen, Schätzen mit anschließender Bewertung						
b Muss zehn Jahre aufbewahrt werden						
c Das Eigenkapital des Unternehmens wird ausgewiesen.						
d Darstellung in Kontoform						
e Gliederung der Vermögenswerte in Anlage- und Umlaufvermögen						
f Jeder Vermögenswert wird nach Art, Menge und Wert beschrieben.						
g Die Staffelform wird zur Wertedarstellung genutzt.						
h Auch ohne Unterschrift(en) des/der Inhaber(s) gültig						
i Die Werte sind für einen bestimmten Tag (Datum) anzugeben.						
j Ist bei einer GmbH von allen Geschäftsführern zu unterschreiben.						

Aufgabe 4

Nennen Sie die fehlenden Begriffe.

a Die Seiten der Bilanz heißen ______________________ und ______________________.

b Die Vermögenswerte stehen auf der ______________________ der Bilanz.

c Die Passiva-Seite beginnt mit der Position ______________________.

d Die Mittelherkunft zeigt die ______________________ der Bilanz.

e Die Aktiva-Seite der Bilanz zeigt die ______________________.

f Summe des Vermögens – Summe der Schulden = ______________________.

g Anlagevermögen + Umlaufvermögen – Eigenkapital = ______________________.

h Eigenkapital + Fremdkapital – Anlagevermögen = ______________________.

i Immaterielle Wirtschaftsgüter + Sachanlagen + Finanzanlagen = ______________________.

j Vorräte + Forderungen + Wertpapiere + flüssige Mittel = ______________________.

k Andere Begriffe für Schulden: ______________________ oder ______________________.

Aufgabe 5

Die Maschinenfabrik Wolfgang Huber e. K., Köln, hat für zwei aufeinander folgende Geschäftsjahre folgende Inventurwerte ermittelt.

Inventar	20X1	20X2
Grundstücke und Bauten	€	€
unbebautes Grundstück, Porzer Str. 211	200.000,00	0,00
bebautes Grundstück, Porzer Str. 218	325.000,00	325.000,00
Fabrik- und Verwaltungsgebäude, Porzer Str. 218	650.000,00	610.000,00
Lagerhalle, Porzer Str. 218	350.000,00	330.000,00
Technische Anlagen und Maschinen lt. Anlagenverzeichnis, Anlage Nr. 1	614.000,00	780.000,00
Betriebs- und Geschäftsausstattung lt. Ausstattungsverzeichnissen (AV) gemäß Anlagen:		
Werkzeuge, AV Nr. 1, Anlage Nr. 2	60.000,00	40.000,00
Lager- und Transporteinrichtungen, AV Nr. 2, Anlage Nr. 3	120.000,00	80.000,00
Fuhrpark, AV Nr. 3, Anlage Nr. 4	45.000,00	180.000,00
Betriebsausstattung, AV Nr. 4, Anlage Nr. 5	82.000,00	143.000,00
Geschäftsausstattung, AV Nr. 5, Anlage Nr. 6	240.000,00	230.000,00
Roh-, Hilfs- und Betriebsstoffe, VV (Vorratsverzeichnis) Nr. 1, Anlage Nr. 7	220.000,00	235.000,00
unfertige Erzeugnisse, VV Nr. 2, Anlage Nr. 8	26.000,00	32.000,00
fertige Erzeugnisse, VV Nr. 3, Anlage Nr. 9	64.000,00	134.000,00
Handelswaren, VV Nr. 4, Anlage Nr. 10	12.600,00	8.500,00
Forderungen aus Lieferungen und Leistungen lt. Forderungsverzeichnis, Anlage Nr. 11	265.000,00	396.000,00
Kassenbestand (Bargeld)	22.000,00	18.400,00
Bankguthaben bei der		
– Deutschen Bank AG, Köln	84.000,00	32.000,00
– Bankguthaben bei der Stadtsparkasse Köln/Bonn	24.800,00	42.300,00
– Postbankguthaben bei der Postbank AG, Köln	12.600,00	18.800,00
langfristige Bankverbindlichkeiten		
Hypothek der Deutschen Bank AG, Köln	400.000,00	380.000,00
Darlehen der Stadtsparkasse Köln/Bonn	200.000,00	100.000,00
Verbindlichkeiten aus Lieferungen und Leistungen lt. Verbindlichkeitenverzeichnis, Anlage Nr. 12	356.000,00	372.000,00
sonstige Verbindlichkeiten gegenüber Finanzbehörden	36.000,00	42.000,00

a Erstellen Sie für jedes Geschäftsjahr ein Inventar und eine Bilanz.

b Ermitteln Sie die Veränderungen zwischen den beiden Geschäftsjahren in € für das Anlagevermögen, das Umlaufvermögen, die lang- und kurzfristigen Schulden sowie für das Eigenkapital.

c Nennen Sie für die Inventarposten Grundstücke und Bauten, technische Anlagen und Maschinen, Forderungen aus Lieferungen und Leistungen und langfristige Bankverbindlichkeiten mögliche Gründe für die jeweilige Werteveränderung.

FK → TAF 11.3 | Kap. 3.1 und 3.2

Die ersten Geschäftsvorfälle der Fly Bike Werke GmbH

Situation

Werteveränderungen von Bilanzposten: Hier sollen Sie erste Geschäftsvorfälle der Fly Bike Werke GmbH kennenlernen und feststellen, welche Auswirkungen sie auf einzelne Bilanzposten haben.

Aktiva	Bilanzposten (vor Werteveränderung)		Passiva
Betriebs- und Geschäftsausstattung (BGA)	70.000,00	Eigenkapital	108.000,00
Rohstoffe	40.000,00	Langfr. Bankverbindlichkeiten	17.000,00
Forderungen a. L. L.	5.000,00	Verbindlichkeiten a. L. L.	15.000,00
Bankguthaben	25.000,00		
	140.000,00		140.000,00

1. Geschäftsvorfall der Fly Bike Werke GmbH

Die Fly Bike Werke GmbH kauft für 5.000,00 € Rohstoffe ein und bezahlt die Lieferung per Bankscheck.

1 Wie verändert sich die Bilanz durch diesen Geschäftsvorfall? Tragen Sie Ihr Ergebnis in die nachfolgende Bilanz ein.

Aktiva	Bilanzposten (nach 1. Geschäftsvorfall)		Passiva
BGA		Eigenkapital	
Rohstoffe		Langfr. Bankverbindlichkeiten	
Forderungen a. L. L.		Verbindlichkeiten a. L. L.	
Bankguthaben			

2 Überlegen Sie bitte, wie Sie einem Freund, der keine Ahnung von Buchführung hat, erklären könnten, wie Sie auf diese Lösung gekommen sind. Versuchen Sie, Ihren Lösungsweg Schritt für Schritt zu formulieren.

Lösungsweg

Zuerst muss ich mir anschauen, welche ______________________ der Bilanz durch den Geschäftsvorfall betroffen sind.

Dann überlege ich mir, welche ______________________ der Bilanz durch den Geschäftsvorfall berührt werden.

Wenn ich das geklärt habe, schaue ich mir den Geschäftsvorfall nochmals an und überlege, wie sich der Wert der einzelnen Posten der Bilanz ändert. Er wird entweder ______________________ oder ______________________.

Begriffe: größer, Seiten, kleiner, Posten

Die ersten Geschäftsvorfälle der Fly Bike Werke GmbH

Das, was Sie gerade richtig erklärt haben, kann Ihnen helfen, alle Auswirkungen von Geschäftsvorfällen der Fly Bike Werke GmbH auf ihre Bilanzposten darzustellen. Um die ganze Sache einfacher zu machen, formulieren Sie nun drei Leitfragen, deren Antworten Ihnen bei allen Aufgaben zu diesem Thema helfen werden.

Leitfragen
1.
2.
3.

2. Geschäftsvorfall der Fly Bike Werke GmbH

Die Fly Bike Werke GmbH wandelt eine kurzfristige Verbindlichkeit in Höhe von 10.000,00 € in eine Darlehensschuld um.

3 Beantworten Sie zunächst die aufgestellten Leitfragen und tragen Sie erst dann die Veränderungen der einzelnen Posten in die Bilanz ein, die Sie nach dem ersten Geschäftsvorfall aufgestellt haben.

Antwort 1. Leitfrage:
Antwort 2. Leitfrage:
Antwort 3. Leitfrage:

Aktiva	Bilanzposten (nach 2. Geschäftsvorfall)		Passiva
BGA		Eigenkapital	
Rohstoffe		Langfr. Bankverbindlichkeiten	
Forderungen a. L. L.		Verbindlichkeiten a. L. L.	
Bankguthaben			

Geschäftsvorfälle 3 – 5 der Fly Bike Werke GmbH

- Kauf eines Schreibtisches gegen Bankscheck für 2.000,00 €.
- Ein Kunde bezahlt eine offene Rechnung durch eine Banküberweisung in Höhe von 1.500,00 €.
- Die Fly Bike Werke GmbH bezahlt eine Verbindlichkeit in Höhe von 4.000,00 € per Banküberweisung.

4 Beantworten Sie für sich erneut die obigen Leitfragen und erstellen Sie die Bilanz nach allen fünf Geschäftsvorfällen.

Aktiva	Bilanzposten (nach 5 Geschäftsvorfällen)		Passiva
BGA		Eigenkapital	
Rohstoffe		Langfr. Bankverbindlichkeiten	
Forderungen a. L. L.		Verbindlichkeiten a. L. L.	
Bankguthaben			

Arbeitsblatt 24.1 | Die vier Werteveränderungen von Bilanzposten

Jeder Geschäftsvorfall verändert mindestens 2 Bilanzposten.

Geschäftsvorfall
Kauf von Bürostühlen gegen Barzahlung, 900,00 €

Aktiva	Bilanz	Passiva
BGA ______		
Kasse ______		

= ______

Geschäftsvorfall
Umwandlung einer kurzfristigen Verbindlichkeit in ein langfristiges Darlehen, 50.000,00 €

Aktiva	Bilanz	Passiva
		Langfr. Bankverbindl. ______
		Verbindl. a. L. L. ______

= ______

Bilanzsumme bleibt ______

______ tausch

______ tausch

Geschäftsvorfall
Ausgleich einer Lieferantenrechnung durch Banküberweisung, 9.500,00 €

Aktiva	Bilanz	Passiva
Bankguthaben ______		Verbindl. a. L. L. ______

= ______

Geschäftsvorfall
Kauf eines Lieferwagens auf Ziel, 48.000,00 €

Aktiva	Bilanz	Passiva
Fuhrpark ______		Verbindl. a. L. L. ______

= ______

Bilanzsumme ______ oder ______

Vermögens- und Kapital ______

Vermögens- und Kapital ______

Arbeitsblatt 24.2 | Werteveränderungen in der Bilanz

Hinweis: Wert 0,00 = Keine Veränderung

Geschäfts-vorfälle	Aktiva							Bilanzwaage Summe	Bilanzwaage Summe	Passiva		
	Grund-stücke u. Gebäude	Maschinen	BGA	Rohstoffe	Forderun-gen	Kasse	Bank-guthaben	Aktiva	Passiva	Eigen-kapital	Langfr. Bank-verbind-lichk.	Verbind-lichkeiten
Bilanz 1	650.000,00	20.000,00	120.000,00	380.000,00	160.000,00	24.000,00	82.000,00	1.436.000,00	1.436.000,00	382.000,00	800.000,00	254.000,00
1.	0,00	0,00	0,00	+ 20.000,00	0,00	– 20.000,00	0,00	1.436.000,00	1.436.000,00	0,00	0,00	0,00
2.												
3.												
4.												
5.												
6.												
7.												
8.												
Bilanz 2												

Geschäftsvorfälle	€	Art der Werteveränderung
1. Rohstoffeinkauf gegen Barzahlung	20.000,00	Aktivtausch
2. Kauf einer Maschine gegen Banküberweisung	14.000,00	
3. Rohstoffeinkauf auf Ziel	40.000,00	
4. Barkauf eines Schreibtisches	2.000,00	
5. Banküberweisungen von Kunden	60.000,00	
6. Banküberweisungen an Lieferer	30.000,00	
7. Darlehensaufnahme gegen Bankgutschrift	50.000,00	
8. Kauf eines Grundstücks gegen Banklastschrift	50.000,00	

Arbeitsaufträge

1 Tragen Sie die Werteveränderung der Bilanzposten aufgrund der nebenstehenden Geschäftsvorfälle in die jeweilige Spalte mit Vorzeichen (+ oder –) ein.

2 Geben Sie für jeden Geschäftsvorfall die Art der Werteveränderung in der Bilanz an.

3 Berechnen Sie für jeden Bilanzposten die Summe der Spalte (Bilanz 2).

4 Erstellen Sie aus den Summen der Bilanzposten eine Bilanz in Kontoform.

Arbeitsblatt 24.3 | Buchen auf Bestandskonten

Buchungsregeln für Bestandskonten:

Anfangsbestand: wird aus der Eröffnungsbilanz übernommen
Mehrungen: erhöhen den Wert des Bestandskontos
Minderungen: verringern den Wert des Bestandskontos
Schlussbestand: wird in die Schlussbilanz übernommen, wenn er den Inventurwerten entspricht

Soll	Aktivkonto Haben
Anfangsbestand	

Soll	Passivkonto Haben
Schlussbestand	

Geschäftsvorfall: Rohstoffeinkauf auf Ziel, 5.000,00 €

Um einen Geschäftsfall richtig zu buchen, helfen folgende vier Vorüberlegungen:

1)

2)

3)

4)

Grundbuch:

Nr.	Soll	€	Haben	€
1)				

Hauptbuch:

Soll		Haben
AB	42.000,00	

Soll	Haben	
	AB	14.200,00

Arbeitsblatt 24.4 | Buchen im Grund- und Hauptbuch

Geschäftsvorfall	Welche Konten werden berührt?	Aktiv- (A) oder Passivkonto (P)?	Mehrung (Me) oder Minderung (Mi)?	Auf welcher Kontoseite ist zu buchen?
1. Barkauf eines neuen Schreibtisches, 900,00 €				
2. Umwandlung einer kurzfristigen Verbindlichkeit in ein langfristiges Darlehen, 2.000,00 €				
3. Kauf von Rohstoffen auf Ziel, 3.000,00 €				
4. Rückzahlung eines Darlehens durch Barzahlung, 1.000,00 €				

Soll	Haben

Soll	Haben

Soll	Kasse	Haben

Aktiva — Bilanz — Passiva

Aktiva		Passiva	
BGA	12.000,00	Eigenkapital	9.000,00
Rohstoffe	8.000,00	Darlehenssch.	10.000,00
Kasse	4.000,00	Verbindl. a. L. L.	5.000,00
	24.000,00		24.000,00

Aktiva — Bilanz — Passiva

Aktiva		Passiva	
BGA		Eigenkapital	
Rohstoffe		Darlehenssch.	
Kasse		Verbindl. a. L. L.	

Soll	Eigenkapital	Haben

Soll	Haben

Soll	Haben

Aufgaben

Aufgabe 1

Aktiva	Bilanz (vor Werteveränderungen)		Passiva
Grundstücke und Bauten	600.000,00	Eigenkapital	
TA und Maschinen	50.000,00	Darlehensschulden	500.000,00
Betriebs- und Geschäftsausstattung	150.000,00	Verbindlichkeiten a. L. L.	216.000,00
Rohstoffe	420.000,00		
Forderungen a. L. L.	120.000,00		
Kasse	12.000,00		
Bankguthaben	64.000,00		

Geschäftsvorfälle:	€
1) Verkauf eines ungenutzten Grundstücks gegen Banküberweisung	40.000,00
2) Umwandlung einer kurzfristigen Verbindlichkeit in ein langfristiges Darlehen	66.000,00
3) Banküberweisungen an verschiedene Rohstofflieferer	16.000,00
4) Kauf einer Verpackungsmaschine auf Ziel	25.000,00
5) Darlehensaufnahme per Bankgutschrift	100.000,00
6) Kauf einer Lagerhalle auf Ziel	100.000,00
7) Banküberweisung an den Verkäufer der Lagerhalle	100.000,00
8) Verkauf einer gebrauchten Maschine auf Ziel	10.000,00

a Berechnen Sie für die Bilanz die Bilanzsumme und das Eigenkapital.

b Geben Sie an, welche Auswirkungen die Geschäftsvorfälle auf die oben genannten Bilanzposten haben. Nutzen Sie dazu die folgende Tabelle.

Nr.	Bilanzposten	Aktiva (A) oder Passiva (P)	Mehrung (Me) oder Minderung (Mi)	Buchung Soll/Haben	Werteveränderung in der Bilanz
1)	Bankguthaben	A	Me	Soll	Aktivtausch
	Grundstücke und Bauten	A	Mi	Haben	
2)					
3)					
4)					
5)					
6)					
7)					
8)					

c Erstellen Sie einen vollständigen Geschäftsgang mit Eröffnungs- und Schlussbilanz.

Aufgabe 2

Geben Sie die Art der Werteveränderung von Bilanzposten der Fly Bike Werke GmbH für nachfolgende Geschäftsvorfälle an.

Geschäftsvorfälle:	€
a) Einkauf von Handelswaren zum Weiterverkauf an Kunden auf Ziel	20.000,00
b) Zielkauf einer Schweißmaschine	40.000,00
c) Verkauf eines gebrauchten Dienstwagens auf Ziel	14.000,00
d) Kauf einer PC-Einheit auf Ziel	6.000,00
e) Teilweise Tilgung eines Grundschulddarlehens per Banküberweisung	10.000,00
f) Barabhebung vom Bankkonto für die Portokasse	200,00
g) Banküberweisung an einen Lieferer	20.000,00
h) Kundenüberweisung auf das Postbankkonto	6.000,00
i) Kauf eines Lkw auf Ziel	60.000,00
j) Verkauf eines ungenutzten Grundstückes gegen Banküberweisung	12.500,00

Aufgabe 3

Folgende Eröffnungsbilanz ist vorgegeben.

Aktiva	Eröffnungsbilanz		Passiva
Maschinen	30.000,00	Eigenkapital	140.000,00
Rohstoffe	150.000,00	Langfr. Bankverbindl.	40.000,00
Postbankguthaben	22.000,00	Verbindlichkeiten a. L. L.	22.000,00
	202.000,00		202.000,00

Annahme: Die Endbestände der Bestandskonten (Soll-Werte) entsprechen den Inventurwerten (Ist-Werte).

Erstellen Sie einen vollständigen Geschäftsgang von der EB bis zur SB in sieben Arbeitsschritten. Beachten Sie dabei die Reihenfolge der Arbeitsschritte auf Seite 124 der Fachkunde (Kapitel 3.2.2).

Geschäftsvorfälle:	Aufgabe **a** €	Aufgabe **b** €
1) Einkauf von Rohstoffen auf Ziel	4.500,00	3.200,00
2) Verkauf einer gebrauchten Maschine gegen Postbanküberweisung	900,00	1.200,00
3) Teilrückzahlung eines Bankdarlehens mit Postbanküberweisung	5.000,00	6.000,00
4) Postbanküberweisung an einen Lieferer zum Ausgleich einer Verbindlichkeit	3.200,00	1.900,00

Aufgabe 4

Folgende Anfangsbestände liegen vor. Erstellen Sie zunächst die Eröffnungsbilanz und danach den vollständigen Geschäftsgang zu den unten aufgeführten Geschäftsvorfällen.

Aktive Bestandskonten	€	Passive Bestandskonten	€
Grundstücke u. Bauten	380.000,00	Eigenkapital	359.700,00
Maschinen	145.000,00	Langfristige Bankverbindlichkeiten	310.000,00
Rohstoffe	162.500,00		
Forderungen a. L. L.	23.800,00	Verbindlichkeiten a. L. L.	56.800,00
Kasse	2.500,00		
Bankguthaben	12.700,00		

Geschäftsvorfälle:	Aufgabe **a** €	Aufgabe **b** €
1) Verkauf einer gebrauchten Maschine auf Ziel	34.500,00	22.700,00
2) Banküberweisung von einem Kunden zum Forderungsausgleich	3.800,00	7.200,00
3) Verkauf eines Grundstückes gegen Banküberweisung	30.000,00	12.500,00
4) Einkauf von Rohstoffen auf Ziel	11.500,00	9.700,00
5) Banküberweisung an einen Lieferer zum Ausgleich einer Verbindlichkeit	5.700,00	3.800,00
6) Einkauf einer Maschine auf Ziel	24.500,00	16.300,00
7) Teilrückzahlung einer Hypothek per Banküberweisung	6.000,00	8.000,00

Aufgabe 5
Erstellen Sie einen Geschäftsgang von der Eröffnungs- bis zur Schlussbilanz.

Aktive Bestandskonten	€	Passive Bestandskonten	€
Grundstücke u. Bauten	200.000,00	Eigenkapital	?
Maschinen	100.000,00	Langfristige Bankverbindlichkeiten	210.000,00
Fuhrpark	80.000,00		
Geschäftsausstattung	45.000,00	Verbindlichkeiten a. L. L.	69.500,00
Rohstoffe	90.000,00		
Forderungen a. L. L.	65.000,00		
Bankguthaben	25.000,00		
Kasse	5.500,00		

Geschäftsvorfälle:	€
1) Aufnahme eines Darlehens gegen Banküberweisung	250.000,00
2) Kauf eines Grundstücks gegen Banküberweisung	200.000,00
3) Kauf einer mobilen Lagerhalle mit Aufstellung gegen Banküberweisung	50.000,00
4) Kauf eines neuen Lkw auf Ziel	120.000,00
5) Einkauf von Rohstoffen auf Ziel	45.000,00
6) Verkauf eines gebrauchten Lkw gegen Banküberweisung	20.000,00
7) Verkauf gebrauchter PC-Einheiten auf Ziel	10.000,00
8) Banküberweisung von Kunden	65.000,00
9) Banküberweisung an Lieferer	45.000,00
10) Barkauf eines Büroschreibtisches	2.500,00

Aufgabe 6
Bilden Sie die einfachen Buchungssätze für nachfolgende Geschäftsvorfälle.

Geschäftsvorfälle:	€
1) Zielkauf eines Kopiergerätes	6.000,00
2) Ausgleich einer Verbindlichkeit durch Banküberweisung	12.000,00
3) Darlehenstilgung per Postbanküberweisung	30.000,00
4) Verkauf einer gebrauchten Maschine auf Ziel	4.000,00
5) Bankgutschriften für Überweisungen von Kunden	8.800,00
6) Handelswareneinkauf auf Ziel	6.200,00
7) Kauf einer Sitzgruppe für das Geschäftsführerzimmer auf Ziel	14.200,00
8) Darlehensaufnahme gegen Bankgutschrift	80.000,00
9) Umwandlung einer kurzfristigen Bankverbindlichkeit in ein langfristiges Darlehen	20.000,00
10) Überweisung vom Bankkonto auf das Postbankkonto	10.000,00
11) Barkauf einer Telefonanlage	1.200,00
12) Barabhebung vom Postbankkonto	500,00

Aufgabe 7
Geben Sie für die Geschäftsvorfälle der Aufgabe 6 jeweils die Art der Werteveränderung von Bilanzposten an.

Aufgabe 8
Bilden Sie die zusammengesetzten Buchungssätze:

Geschäftsvorfälle:	€
1) Kauf eines Pkw, Kaufpreis 30.000,00 €	
Barzahlung bei Übernahme	2.500,00
Restbetrag zahlbar innerhalb von 30 Tagen	27.500,00
2) Darlehenstilgung 20.000,00 €	
durch Banküberweisung	14.000,00
und durch Postbanküberweisung	6.000,00
3) Rechnungsausgleich durch Kundenzahlungen 11.600,00 €	
Barzahlung	1.600,00
Bankgutschrift	10.000,00

Aufgabe 9

a Erstellen Sie eine Eröffnungsbilanz gemäß der nachfolgenden Angaben.

b Übertragen Sie die Anfangsbestände auf die Konten.

c Geben Sie für jeden Geschäftsvorfall die Konten, die Werteveränderung und die Buchung in der nachstehenden Tabelle und im Grundbuch an.

d Übertragen Sie die Buchungen auf Konten und schließen Sie alle Konten ab.

e Erstellen Sie die Schlussbilanz.

Verwenden Sie auch das Arbeitsblatt 24.5 auf der folgenden Seite.

Vermögenswerte	€	Kapitalwerte	€
Grundstücke und Gebäude	400.000,00	Eigenkapital	?
Maschinen	120.000,00	langfristige Bankverbindlichkeiten	150.000,00
Geschäftsausstattung	80.000,00		
Rohstoffe	60.000,00	Verbindlichkeiten a. L. L.	40.000,00
Forderungen a. L. L.	45.000,00		
Bankguthaben	32.000,00		

Geschäftsvorfälle	Konten Aktiva (A) Passiva (P)	Werteveränderung Mehrung (Me) Minderung (Mi)	Buchung S (Soll) H (Haben)
1) Rohstoffeinkauf auf Ziel 22.000,00 €			
2) Verkauf einer gebrauchten Maschine auf Ziel 5.000,00 €			
3) Banküberweisung an einen Lieferanten 12.000,00 €			
4) Ein Kunde überweist auf unser Bankkonto 30.000,00 €			
5) Kauf eines Computers gegen Banküberweisung für 5.000,00 €			
6) Verkauf einer gebrauchten Büroeinrichtung auf Ziel 36.000,00 €			
7) Tilgung einer langfr. Bankverbindlichkeit gegen Banküberweisung 20.000,00 €			

Grundbuch:

Nr.	Soll	€	Haben	€
1)				
2)				
3)				
4)				
5)				
6)				
7)				

Arbeitsblatt 24.5 | Hauptbuch

Aktiva	Eröffnungsbilanz	Passiva

Soll	Grundstücke, Gebäude (GG)	Haben

Soll	Maschinen (Ma)	Haben

Soll	BGA	Haben

Soll	Rohstoffe (Ro)	Haben

Soll	Forderungen a. L. L. (Fo)	Haben

Soll	Bankguthaben (Ba)	Haben

Soll	Eigenkapital (Ek)	Haben

Soll	Langfr. Bankverb. (LB)	Haben

Soll	Verbindlichk. a. L. L. (Ve)	Haben

Aktiva	Schlussbilanz	Passiva

Lernsituation 25

FK → TAF 11.3 | Kap. 3.3

Buchen nach Belegen

Situation

Eines Morgens findet Melanie Klein, Praktikantin bei der Fly Bike Werke GmbH, verschiedene Belege auf ihrem Schreibtisch, die sie buchen soll. „Belege buchen?“, fragt sie Frau Taubert. „Na klar, Belege sind die Grundlage jeder Buchung, den Geschäftsvorfall müssen Sie daraus ableiten!“, antwortet diese.

Beleg Nr. 1

Landessparkasse Oldenburg

IBAN		Kontoauszug	Auszug	Blatt
DE86 2805 0100 0112 3264 44		Landessparkasse Oldenburg	30	1
Buchungstag	**Wert**	**Vorgang/Erläuterungen**	**Beträge in €**	
		Kontostand am 02.07.20XX	12.200,00 +	
03.07.20XX	03.07.20XX	S-Geldautomat	200,00 –	
03.07.20XX	03.07.20XX	Tilgungsrate für Darlehen Nr. 863377	1.000,00 –	
03.07.20XX	03.07.20XX	Hans Köller e.K., Rostock Re.-Nr. 124 vom 30.06.20XX	4.640,00 –	
		Kontostand am 03.07.20XX	6.360,00 +	

Fly Bike Werke GmbH, Oldenburg

Beleg Nr. 2

AWB Aluminiumwerke AG, Bonn

AWB Aluminiumwerke · Sankt-Augustiner-Straße 30 · 53225 Bonn

Sankt-Augustiner-Straße 30
53225 Bonn
Tel.: 0228 46477 0
Fax: 0228 46477 11
E-Mail:
awb-mail@aluminiumwerke.de

Fly Bike Werke GmbH
Rostocker Straße 334
26121 Oldenburg

Rechnung-Nr.: 511 Rechnungs-Datum: 19.08.20XX

Artikel Nr.	Artikelbezeichnung für Aluminiumrohre	Menge in Metern	Einzelpreis in €	Gesamtpreis in €
40045225	Rundrohr 45 x 2,25	500	10,11	5.055,00
40025200	Rundrohr 25 x 2,00	500	4,49	2.245,00
		Rechnungsbetrag[1]:		7.300,00

Bankverbindung: SEB, IBAN DE87380101110077998246
Lieferung frei Lager Oldenburg, Zahlung innerhalb von 30 Tagen ohne Abzug.

Beleg Nr. 3

Werner Lippert · Buchenstr. 3 · 40221 Düsseldorf

Posteingang: *03.07.20XX*

Fly Bike Werke GmbH
Rostocker Str. 334
26121 Oldenburg

RECHNUNGSPRÜFUNG
Sachlich richtig Datum 04.07.20XX Nz Seidlitz
Rechnerisch richtig Datum 04.07.20XX Nz Seidlitz

RECHNUNG-NR.: 12
Rechnungs-Datum: 01.07.20XX
Bankverbindung: Postbank Essen
IBAN DE23360100103709789910

Artikel-Nr.:	Menge	Artikelbezeichnung	Einzelpreis in €	Gesamtpreis in €
1256	10	PC-Office-Tische, grau	750,00	7.500,00
1259	10	Erweiterungen für PC-Office-tische für Drucker, grau	60,00	600,00
		Rechnungsbetrag[1]		8.100,00

Zahlungsbedingungen: Zahlung sofort ohne Abzug. Die Lieferung und Aufstellung erfolgt durch die Spedition Herget gegen gesonderte Rechnung.

[1] Der Rechnungsbetrag ist umsatzsteuerpflichtig, siehe Fachkunde Seite 153 und Lernsituation 29.

Arbeitsaufträge

1 Schauen Sie sich die Belege genau an. Geben Sie jeweils an, um welche Art von Belegen es sich handelt und welche Geschäftsvorfälle der Fly Bike Werke GmbH den Belegen zugrunde liegen. (Kontoauszug = 3 Geschäftsvorfälle)

2 Tragen Sie die notwendigen Buchungen in das Grundbuch ein.

Nr.	Soll	€	Haben	€
1)	Kasse	200,00	Bankguthaben	200,00
2)				
3)				
4)				
5)				

Aufgaben

Aufgabe 1
Vervollständigen Sie nachfolgende Tabelle.

Nr.	Geschäftsvorfall	Beleg	Buchung
1)	Einkauf von Rohstoffen für das Materiallager auf Ziel	Eingangsrechnung	Rohstoffe an Verbindlichkeiten a. L. L.
2)	Verkauf einer gebrauchten PC-Einheit auf Ziel		
3)			Bankguthaben an Forderungen a. L. L.
4)	Einkauf von Betriebsstoffen gegen Bankscheck		
5)	Banküberweisung an einen Rohstofflieferer		
6)	Barkauf von Heizöl		
7)		Darlehensvertrag/ Kontoauszug mit Gutschrift	
8)			Hilfsstoffe an Kasse
9)	Einkauf von Fremdbauteilen gegen Bankscheck		

Aufgabe 2
Bringen Sie die nachfolgenden Tätigkeiten der Belegbearbeitung in eine sinnvolle Reihenfolge (1–9).

☐ Buchung in chronologischer (zeitlicher) Reihenfolge (Grundbuch)
☐ Belege sortieren
☐ Vernichtung der Belege
☐ Kontierung des Beleges
☐ Buchung in sachlicher Ordnung auf Konten (Hauptbuch)
☐ Posteingangsstempel auf den Beleg
☐ Ablage der Belege
☐ Belegprüfung (ggf. sachliche und rechnerische Prüfung)
☐ Vergabe einer internen Belegnummer, ggf. Kunden- oder Lieferantennummer vermerken

Aufgabe 3

Die Fly Bike Werke GmbH erhält am 13.07.20XX nachfolgend abgebildeten Kontoauszug. Der Kontoauszug (Buchungsbeleg) ist die Grundlage für die Kontierung und die Buchung von drei Geschäftsvorfällen.

a Formulieren Sie für die drei Geschäftsvorfälle einen eindeutigen Text. Beachten Sie dabei, dass die Hofkauf AG ein Kunde und die AWB Aluminiumwerke AG ein Rohstofflieferer der Fly Bike Werke ist.

b Geben Sie für die drei Geschäftsvorfälle die jeweilige Kontierung und den Buchungssatz an.

Landessparkasse Oldenburg

IBAN DE86280501000112326444		Kontoauszug Landessparkasse Oldenburg	Auszug 126	Blatt 1
Buchungstag	Wert	Vorgang/Erläuterungen	Beträge in €	
		Kontostand am 12.07.20XX	32.430,00 +	
13.07.20XX	13.07.20XX	Barauszahlung	1.000,00 –	
13.07.20XX	13.07.20XX	Hofkauf AG, Köln Rechnung 312 vom 01.07.20XX	23.800,00 +	
13.07.20XX	13.07.20XX	AWB Aluminiumwerke AG, Bonn Rechnung 398 vom 20.06.20XX	11.900,00 –	
		Kontostand am 13.07.20XX	43.330,00 +	

Fly Bike Werke GmbH, Oldenburg

Aufgabe 4

Erstellen Sie einen Geschäftsgang im Grund- und Hauptbuch.

Anfangsbestände der Bestandskonten	€
Grundstücke und Gebäude	400.000,00
technische Anlagen und Maschinen	150.000,00
Fuhrpark	30.000,00
Geschäftsausstattung	900.000,00
Rohstoffe	60.000,00
Hilfsstoffe	20.000,00
Forderungen a. L. L.	35.000,00
Kasse	5.000,00
Bankguthaben	52.000,00
Eigenkapital	?
langfristige Bankverbindlichkeiten	500.000,00
Verbindlichkeiten a. L. L.	252.000,00

Nr.	Belegart	Geschäftsvorfälle	€
1)	Grundbuchauszug, Kontoauszug	Bankgutschrift für den Verkauf eines ungenutzten Grundstücks	50.000,00
2)	Kontoauszug	Bankgutschriften für Kundenüberweisungen	25.000,00
3)	Eingangsrechnung	Kauf eines Pkw für den Geschäftsführer auf Ziel	60.000,00
4)	Eingangsrechnungen	Zielkauf von Rohstoffen und Hilfsstoffen	25.000,00 10.000,00
5)	Ausgangsrechnung	Verkauf einer gebrauchten Maschine auf Ziel	22.000,00
6)	Kontoauszug	Banklastschrift für die Überweisung einer Darlehensrate	20.000,00
7)	Eingangsrechnung	Zielkauf einer Büroeinrichtung für den Geschäftsführer	32.000,00
8)	Kontoauszug	Banklastschriften für Überweisungen an Lieferer	45.000,00
9)	Quittung	Kauf eines Mobiltelefons gegen Barzahlung	900,00
10)	Quittung	Verkauf eines gebrauchten Büroschreibtisches (Barzahlung)	700,00

Aufgabe 5
Geben Sie für nachfolgende Kontierungen jeweils den zutreffenden Beleg und den jeweiligen Buchungssatz an.

Kontierung Nr. 1

Konto	Soll	Haben
Bankguthaben	23.800,00	
Forderungen a. L. L.		23.800,00
Gebucht: 01.08.20XX G120 Ta/La		

Kontierung Nr. 2

Konto	Soll	Haben
Fuhrpark	59.500,00	
Verbindlichkeiten a. L. L.		59.500,00
Gebucht: 01.08.20XX G121 Ta/La		

Kontierung Nr. 3

Konto	Soll	Haben
Kasse	1.785,00	
Geschäftsausstattung		1.785,00
Gebucht: 01.08.20XX G121 Ta/La		

Aufgabe 6
Bilden Sie die Buchungssätze für die folgenden Geschäftsvorfälle:

Nr.	Belegart	Geschäftsvorfälle	Beiträge in €
1)	Eingangsrechnung	Hilfsstoffeinkauf auf Ziel	2.000,00
2)	Ausgangsrechnung	Verkauf eines gebrauchten Handys (Barzahlung)	50,00
3)	Kontoauszug	Bankgutschrift: Kundenüberweisung	2.700,00
4)	Eingangsrechnung	Kauf einer Telefonanlage auf Ziel	3.400,00
5)	Quittung	Barkauf eines Handys	900,00
6)	Quittung	Barkauf von Werkzeugen	2.500,00
7)	Kontoauszug	Banklastschrift: Überweisung an einen Lieferer	2.700,00
8)	Kassenbeleg	Barkauf eines gebrauchten Lkws	48.000,00
9)	Vertrag, Kontoauszug	Aufnahme eines Darlehens bei einer Bank mit Gutschrift auf dem Bankkonto	60.000,00
10)	Eingangsrechnung	Kauf einer Verpackungsmaschine für das Lager auf Ziel	14.500,00
11)	Ausgangsrechnung	Verkauf gebrauchter Büromöbel auf Ziel	6.000,00

Lernsituation 26

FK → TAF 11.3 | Kap. 3.4

Bilanzen und Bilanzkonten

Situation

Herr Stein, Geschäftsführer der Stein GmbH in Bonn, hat für das Geschäftsjahresende 20X1 die nachfolgende Bilanz aufgestellt. Für den Beginn des Geschäftsjahres 20X2 müssen die Anfangsbestände auf die Bestandskonten übertragen werden und das Eröffnungsbilanzkonto muss erstellt werden.

Bilanz der Stein GmbH zum 31.12.20X1

Aktiva		Passiva	
A. Anlagevermögen		**A. Eigenkapital**	661.550,00
1. Grundstücke und Bauten	520.000,00	**B. Verbindlichkeiten**	
2. TA und Maschinen	125.000,00	1. Langfristige Bankverbindlichkeiten	780.000,00
3. Betriebs- und Geschäftsausstattung	337.000,00	2. Verbindlichkeiten a. L. L.	64.600,00
B. Umlaufvermögen			
1. Waren	312.000,00		
2. Forderungen a. L. L.	124.000,00		
3. Kassenbestände	5.260,00		
4. Bankguthaben	82.890,00		
	1.506.150,00		1.506.150,00

Bonn, 04.03.20X2 *Klaus Stein*

Grundbuch: Eröffnungsbuchungen

Nr.	Soll	€	Haben	€
1)				
2)				
3)				
4)				
5)				
6)				
7)				
8)				
9)				
10)				

Hauptbuch:

Eröffnungsbilanzkonto

Arbeitsblatt 26.1 | Bilanzen und Bilanzkonten

Ende des vorigen Geschäftsjahres:

Inventur

↓

Inventar

↓

Schlussbilanz

______	______
______ Bestandskonten	______ Bestandskonten

↓

Beginn des Berichtsjahres:

Eröffnungsbilanz

______	______
______ Bestandskonten	______ Bestandskonten

↓

Eröffnungsbilanzkonto (EBK)

______ Bestandskonten	______ Bestandskonten

Grundbuch: Eröffnungsbuchungen

______ Bestandskonten	an	EBK
EBK	an	______ Bestandskonten

Grundbuch: alle Geschäftsvorfälle des Berichtsjahres

Grundbuch: Abschlussbuchungen

SBK	an	______ Bestandskonten
______ Bestandskonten	an	SBK

Ende des Berichtsjahres:

Vorläufiger Abschluss im Hauptbuch; Abgleich der Sollwerte (Buchhaltung) mit den Istwerten (Inventur); ggf. Korrekturbuchungen im Grund- und Hauptbuch

Schlussbilanzkonto (SBK)

______	______
______ Bestandskonten	______ Bestandskonten

↓

Inventur

↓

Inventar

↓

Schlussbilanz

______	______
______ Bestandskonten	______ Bestandskonten

Aufgaben

Aufgabe 1
Beschreiben Sie die Geschäftsvorfälle, die zu den nachfolgenden Buchungen auf dem Konto Kasse geführt haben.

S	Kasse		H
EBK	4.560,00	2) Verbindlichkeiten a. L. L.	2.300,00
1) Bankguthaben	24.500,00	3) TA und Maschinen	5.000,00
5) Fuhrpark	3.000,00	4) Rohstoffe	7.200,00
6) BGA	1.200,00	7) Postbankguthaben	2.000,00
8) Forderungen a. L. L.	5.000,00	SBK	21.760,00
	38.260,00		38.260,00

Aufgabe 2
Bilden Sie die Buchungssätze:

a Eröffnung Konto Kasse mit einem Anfangsbestand von 6.000,00 €
b Eröffnung Konto Darlehen mit einem Anfangsbestand von 200.000,00 €
c Abschluss Konto Verbindlichkeiten a. L. L. mit Endbestand von 64.000,00 €
d Abschluss Konto Fuhrpark mit einem Endbestand von 34.000,00 €
e Einkauf eines neuen Lastkraftwagens auf Ziel 75.000,00 €
f Verkauf eines gebrauchten Lastkraftwagens auf Ziel 12.000,00 €

Aufgabe 3
Vervollständigen Sie die nachfolgenden Aussagen durch Zuordnung der richtigen Begriffe.

a Sollbuchungen bewirken eine Mehrung des Wertes auf ______________________.

b Die Eröffnungsbuchungen lauten immer EBK an ______________________.

c Schlussbilanzwerte werden immer durch eine ______________________ ermittelt.

d Das Eröffnungsbilanzkonto enthält dieselben Posten und Werte wie die ______________________.

e Minderungen auf einem passiven Bestandskonto werden als ______________________ erfasst.

f Verluste bewirken in der Bilanz eine ______________________.

g Der Endbestand des Kontos Eigenkapital steht im SBK im ______________________.

h Der Anfangsbestand des Kontos Forderungen steht im ______________________.

i Die Aktiva einer Eröffnungsbilanz steht im EBK im ______________________.

j Die Passiva einer Schlussbilanz steht im SBK im ______________________.

k Die erste Angabe in einem Buchungssatz ist die ______________________.

l Aktiva und Passiva sind Bezeichnungen für eine ______________________.

m Inventurwerte des letzten Geschäftsjahres finden wir in der ______________________.

Begriffe: Eigenkapitalminderung, Sollbuchung, Eröffnungsbilanz, Soll, Haben, Inventur, passive Bestandskonten, aktive Bestandskonten (Mehrfachnennungen sind möglich!)

Aufgabe 4
Folgendes Eröffnungsbilanzkonto ist vorgegeben.

Soll		Eröffnungsbilanzkonto	Haben
Eigenkapital	300.000,00	Grundstücke und Bauten	290.000,00
Langfristige Bankverbindlichkeiten	160.000,00	Technische Anlagen und Maschinen	60.000,00
Verbindlichkeiten a. L. L.	120.500,00	Betriebs- und Geschäftsausstattung	45.000,00
		Rohstoffe	90.000,00
		Forderungen a. L. L.	65.000,00
		Kasse	5.500,00
		Bankguthaben	25.000,00
	580.500,00		580.500,00

Nr.	Belegart	Geschäftsvorfälle	€
1)	Eingangsrechnung	Einkauf von Rohstoffen auf Ziel	85.000,00
2)	Vertrag, Kontoauszug	Aufnahme eines Darlehens gegen Banküberweisung	300.000,00
3)	Vertrag, Kontoauszug	Kauf eines Grundstückes gegen Banküberweisung	200.000,00
4)	Eingangsrechnung, Kontoauszug	Kauf einer Maschine gegen Banküberweisung	50.000,00
5)	Eingangsrechnung	Kauf von Büroeinrichtungen auf Ziel	20.000,00
6)	Ausgangsrechnung	Verkauf einer gebrauchten Maschine auf Ziel	20.000,00
7)	Kassenbeleg, Kontoauszug	Barabhebung vom Bankkonto	5.000,00
8)	Kontoauszug	Banküberweisung von Kunden	65.000,00
9)	Kontoauszug	Banküberweisung an Lieferer	55.000,00
10)	Quittung	Barkauf eines Bürodrehstuhls	1.500,00
11)	Eingangsrechnung, Kontoauszug	Banküberweisung nach Fertigstellung einer neuen Lagerhalle	50.000,00

Erstellen Sie das Grundbuch mit allen Eröffnungsbuchungen (über EBK), Buchungen der Geschäftsvorfälle und allen Abschlussbuchungen (über SBK). Erstellen Sie anschließend das SBK im Hauptbuch.

FK → TAF 11.3 | Kap. 3.5 bis 3.7

Erfolge ermitteln

Situation

Die Fly Bike Werke GmbH hat im Rahmen eines Streckengeschäftes 150 Fahrradanhänger an die Matro AG in Mülheim liefern lassen. Der Verkäufer, die Fahrradteile International GmbH, hat die Transport- und Verpackungskosten übernommen.

Beleg Nr. 1

Fahrradteile International GmbH

Posteingang: 21.08.20XX

Fahrradteile International GmbH, Borgwardstr. 16 28309 Bremen

Fly Bike Werke GmbH
Rostocker Str. 334
26121 Oldenburg

Rechnungsprüfung
Sachlich richtig — Datum 21.08.20XX — Nz. Taubert
Rechnerisch richtig — Datum 21.08.20XX — Nz. Taubert

Kundennummer:	10112
Ihre Bestellung Nr.:	76
Ihr Bestell-Datum:	09.07.20XX
Unsere Lieferschein-Nr.:	102
Unser Lieferdatum:	20.08.20XX

Ihr Ansprechpartner: Herr Itze
Tel. 0421 8309 - 1

Rechnung-Nr.: 102 — **Rechnungs-Datum: 20.08.20XX**

Artikel-Nr.	Artikelbezeichnung	Stückzahl	Einzelpreis €	Rabatt %	Gesamtpreis €
10100	Fahrradanhänger WXP-100 Ihre Modellbezeichnung „Kelly“	100	45,00	0,00	4.500,00
10300	Fahrradanhänger WXO-300 Ihre Modellbezeichnung „Max“	50	75,00	0,00	3.750,00
			Rechnungsbetrag [1]		8.250,00

Versandart: Lieferung frei Lager Mülheim per Lkw
Wir liefern direkt in Ihrem Auftrag an die Matro AG Zwischenlager Mülheim, Kruppstr. 60, 45472 Mülheim a.d.R.

Beleg Nr. 2

Fly Bike Werke GmbH

FBW GmbH • Rostocker Str. 334 • 26121 Oldenburg

Matro AG
Zentraleinkauf
Altenessener Straße 661
45472 Essen

Kundennummer:	40022
Ihre Bestellung Nr.:	5982
Ihr Bestelldatum:	07.07.20XX
Unsere Lieferschein-Nr.:	612
Unser Lieferdatum:	22.08.20XX
Ihr FBW-Ansprechpartner:	Frau Dogan
Tel.:	0441 885-22

Rechnung-Nr.: 612 — **Rechnungsdatum: 22.08.20XX**

Artikel-Nr.	Artikelbezeichnung	Stück	Einzelpreis in €	Rabatt in %	Gesamtpreis in €
601	Fahrradanhänger *Kelly*	100	110,00	20,00	8.800,00
603	Fahrradanhänger *Max*	50	270,00	20,00	10.800,00
			Rechnungsbetrag [1]		19.600,00

Versandart/Freivermerk: Lieferung frei Lager Mülheim

Die Lieferung erfolgte im Auftrag an Ihr Zwischenlager in Mülheim, Kruppstr. 60

[1] Der Rechnungsbetrag ist umsatzsteuerpflichtig – siehe Fachkunde Seite 153 und Lernsituation 29.

Arbeitsaufträge

1 Buchen Sie den Ein- und Verkauf dieser Handelsware.

2 Ermitteln Sie den Rohgewinn aus diesem Geschäft.

Nr.	Soll	€	Haben	€
1)				
2)				

Arbeitsblatt 27.1 | Materialverbrauch 1: Inventurmethode (Bestandsvergleich)

Ablauf:
1. Der Anfangsbestand des Materialkontos wird auf das Bestandskonto übertragen.
2. Alle Einkäufe werden auf dem Bestandskonto im Soll gebucht.
   Hinweis: Während der Abrechnungsperiode wird kein Materialverbrauch gebucht.
3. Der Endbestand für die Bestandskonten wird als Inventurwert vorgegeben.
4. Die Materialverbräuche werden rechnerisch als Differenz zwischen Anfangsbestand + Einkäufe – Endbestand auf den Bestandskonten ermittelt und auf die Aufwandskonten umgebucht.
5. Die Aufwandskonten werden abgeschlossen.

Grundbuch:

		€			€
1a)	Eröffnung Rohstoffe (AB)	5.000,00	1b)	Eröffnung Hilfsstoffe (AB)	2.000,00
2a)	Einkauf Rohstoffe auf Ziel	10.000,00	2b)	Einkauf Hilfsstoffe auf Ziel	5.000,00
3a)	Inventurbestand Rohstoffe	2.000,00	3b)	Inventurbestand Hilfsstoffe	2.500,00

Nr.	Soll	€	Haben	€
1a) 1b)				
2a) 2b)				
3a) 3b)				

Hauptbuch:

Bestandskonten | **Aufwandskonten**

S	Rohstoffe	H

S	Aufw. f. Rohstoffe	H

S	Hilfsstoffe	H

S	Aufw. f. Hilfsstoffe	H

Zu 4) Ermitteln Sie auf den Bestandskonten den jeweiligen Materialverbrauch und buchen Sie diesen um.
Zu 5) Schließen Sie die Aufwandskonten ab.

Grundbuch:

4a) Umbuchung Materialverbrauch Rohstoffe
4b) Umbuchung Materialverbrauch Hilfsstoffe
5a) Abschluss Aufwendungen für Rohstoffe
5b) Abschluss Aufwendungen für Hilfsstoffe

Nr.	Soll	€	Haben	€
4a) 4b)				
5a) 5b)				

Hauptbuch:

S	SBK	H

S	GuV-Konto	H

Arbeitsblatt 27.2 | Materialverbrauch 2: Skontrationsmethode (Bestandsfortschreibung)

Ablauf:

1 Der Anfangsbestand des Materialkontos wird auf das Bestandskonto übertragen.
2 Alle Einkäufe werden auf dem Bestandskonto im Soll gebucht.
3 Materialverbräuche werden durch Materialentnahmescheine (MES) erfasst.
Buchung: Aufwandskonto an Bestandskonto
4 Der Endbestand wird auf dem Bestandskonto rechnerisch ermittelt (und in der Inventur überprüft).
5 Der Materialverbrauch ergibt sich als Saldo auf dem Aufwandskonto.

Grundbuch:

		€			€
1a)	Eröffnung Rohstoffe (AB)	50.000,00	1b)	Eröffnung Hilfsstoffe (AB)	20.000,00
2a)	Einkauf Rohstoffe auf Ziel	100.000,00	2b)	Einkauf Hilfsstoffe auf Ziel	100.000,00
3a)	MES Rohstoffe	130.000,00	3b)	MES Hilfsstoffe	40.000,00

Nr.	Soll	€	Haben	€
1a) 1b)				
2a) 2b)				
3a) 3b)				

Hauptbuch:

Bestandskonten | **Aufwandskonten**

S	Rohstoffe	H

S	Aufw. f. Rohstoffe	H

S	Hilfsstoffe	H

S	Aufw. f. Hilfsstoffe	H

Zu 4) Ermitteln Sie auf den Bestandskonten die Endbestände und schließen Sie die Konten ab.
Zu 5) Ermitteln Sie auf den Erfolgskonten den Materialverbrauch und schließen Sie die Konten ab.

Grundbuch:

4a)	Abschluss Rohstoffe	4b)	Abschluss Hilfsstoffe
5a)	Abschluss Aufwendungen für Rohstoffe	5b)	Abschluss Aufwendungen für Hilfsstoffe

Nr.	Soll	€	Haben	€
4a) 4b)				
5a) 5b)				

Hauptbuch:

S	SBK	H

S	GuV-Konto	H

Arbeitsblatt 27.3 | Materialverbrauch 3: aufwandsorientierte Buchungstechnik (Just-in-Time-Verfahren)

Ablauf:

1 Der Anfangsbestand des Materialkontos wird auf das Bestandskonto übertragen.

2 Alle Einkäufe werden auf dem Aufwandskonto im Soll gebucht.
Hinweis: Während der Abrechnungsperiode werden Einkäufe als Aufwand erfasst.

3 Der Endbestand für die Bestandskonten wird als Inventurwert vorgegeben.

4 Die Materialbestandsveränderungen werden rechnerisch als Differenz zwischen Anfangsbestand – Endbestand auf den Bestandskonten ermittelt und auf die Aufwandskonten umgebucht.
AB > EB = Aufwandsmehrung; AB < EB = Aufwandsminderung

5 Die Aufwandskonten werden abgeschlossen.

Grundbuch:

		€			€
1a)	Eröffnung Rohstoffe (AB)	2.000,00	1b)	Eröffnung Hilfsstoffe (AB)	1.000,00
2a)	Einkauf Rohstoffe auf Ziel	15.000,00	2b)	Einkauf Hilfsstoffe auf Ziel	7.500,00
3a)	Inventurbestand Rohstoffe	1.200,00	3b)	Inventurbestand Hilfsstoffe	500,00

Nr.	Soll	€	Haben	€
1a) 1b)				
2a) 2b)				
3a) 3b)				

Hauptbuch:

Bestandskonten

S	Rohstoffe	H

S	Hilfsstoffe	H

Aufwandskonten

S	Aufw. f. Rohstoffe	H

S	Aufw. f. Hilfsstoffe	H

Zu 4) Ermitteln Sie auf den Bestandskonten die Bestandsveränderungen und buchen Sie diese um.
Zu 5) Schließen Sie die Aufwandskonten ab.

Grundbuch:

4a) Umbuchung Bestandsveränderung Rohstoffe
4b) Umbuchung Bestandsveränderung Hilfsstoffe
5a) Abschluss Aufwendungen für Rohstoffe
5b) Abschluss Aufwendungen für Hilfsstoffe

Nr.	Soll	€	Haben	€
4a) 4b)				
5a) 5b)				

Hauptbuch:

S	SBK	H

S	GuV-Konto	H

Arbeitsblatt 27.4 | Abschluss von Erfolgs- und Bestandskonten

Ertragskonten	an	______
______	an	Aufwandskonten
GuV-Konto (bei Gewinn)	an	______
SBK	an	______
______	an	SBK

Schließen Sie die Konten ab: GuV-Konto oder SBK? Hinweis: Inventurbestand Rohstoffe 6.000,00 €

S — BGA — H

S		H	
EBK	50.000,00		
5) Ba	6.000,00		

S — Eigenkapital (EK) — H

S		H	
		EBK	44.000,00

S — Rohstoffe (Ro) — H

S		H	
EBK	7.000,00		

S — langfr. Bankverbindlichkeiten (LB) — H

S		H	
4) Ba	10.000,00	EBK	30.000,00

S — Bankguthaben (Ba) — H

S		H	
EBK	23.000,00	2) AfR	2.000,00
3) UfE	52.000,00	4) LB	10.000,00
7) ZE	500,00	5) BGA	6.000,00
8) UfE	6.000,00	6) Ge	20.000,00

S — Verbindlichkeiten a. L. L. (Ve) — H

S		H	
		EBK	6.000,00
		1) AfR	30.000,00

S — Aufwendungen f. Rohstoffe (AfR) — H

S		H	
1) Ve	30.000,00		
2) Ba	2.000,00		

S — Umsatzerlöse f. eigene Erzeugnisse (UfE) — H

S		H	
		3) Ba	52.000,00
		8) Ba	6.000,00

S — Gehälter (Ge) — H

S		H	
6) Ba	20.000,00		

S — Zinserträge (ZE) — H

S		H	
		7) Ba	500,00

S — SBK — H

S		H	

S — GuV-Konto — H

S		H	

Aufgaben

Aufgabe 1

Bilden Sie die Buchungssätze für die nachfolgenden erfolgswirksamen Geschäftsvorfälle unter Beachtung der aufgelisteten Erfolgskonten. Erfolgskonten: Aufwendungen für Fremdbauteile, Aufwendungen für Rohstoffe, Büromaterial, Fremdinstandhaltung, Gehälter, Kfz-Steuer, Löhne, Mieten/Pachten, Mietereträge, Postgebühren/Telefon, Provisionserträge, Umsatzerlöse für eigene Erzeugnisse, Versicherungsbeiträge, Werbung, Zinsaufwendungen, Zinserträge

	€
1) Gehaltszahlung per Banküberweisung	6.200,00
2) Banklastschrift für Zinsen	510,00
3) Barkauf von Büromaterial	120,00
4) Banküberweisung an das Finanzamt für Kfz-Steuer	245,00
5) Eingangsrechnung für die Gestaltung einer Werbeanzeige für eine Fachzeitschrift	1.900,00
6) Reparatur eines Personalcomputers gegen Barzahlung	460,00
7) Banküberweisung der Kfz-Haftpflichtversicherung	650,00
8) Banküberweisung eines Lagerhallenmieters	2.000,00
9) Barkauf von Briefmarken	50,00
10) Bankgutschrift für Provisionen	2.300,00
11) Banklastschrift für Telefongebühren	430,00
12) Lohnzahlung, bar	14.200,00
13) Kfz-Reparatur gegen Barzahlung	600,00
14) Zinsgutschrift der Bank	500,00
15) Banküberweisung an Vermieter	3.000,00
16) Verbrauch von Fremdbauteilen in der Produktion (bei bestandsorientiertem Materialeinkauf)	26.000,00
17) Verkauf von fertigen Erzeugnissen gegen Banküberweisung	52.000,00
18) Entnahme von Rohstoffen für die Produktion aus dem Lager	16.000,00

Aufgabe 2

Erstellen Sie einen vollständigen Geschäftsgang. Anfangsbestände der Bestandskonten:

Aktive Bestandskonten	€	Passive Bestandskonten	€
Grundstücke u. Bauten	360.000,00	Eigenkapital	600.000,00
Maschinen	250.000,00	langfristige Bankverbindlichkeiten	250.000,00
Geschäftsausstattung	85.000,00		
Rohstoffe	35.000,00	Verbindlichkeiten a. L. L.	56.000,00
Hilfsstoffe	25.000,00		
Betriebsstoffe	12.500,00		
Forderungen a. L. L.	42.000,00		
Kasse	8.500,00		
Bankguthaben	88.000,00		

Hinweis: bestandsorientierter Materialeinkauf für das Lager

Erfolgskonten: Aufwendungen für Rohstoffe (Fertigungsmaterial), Aufwendungen für Hilfsstoffe, Aufwendungen für Betriebsstoffe, Fremdinstandhaltung, Mieten, Löhne und Gehälter, Umsatzerlöse für eigene Erzeugnisse, Provisionserträge

Eröffnungs- und Abschlusskonten: EBK, GuV-Konto, SBK

Nr.	Belegart	Geschäftsvorfälle	€
1)	Eingangsrechnungen:	Zieleinkauf von Rohstoffen, Hilfsstoffen und Betriebsstoffen	92.000,00 34.500,00 12.600,00
2)	Kontoauszug mit Lastschrift:	Tilgung eines Darlehens durch Banküberweisung	10.000,00

Fortsetzung nächste Seite

Nr.	Belegart	Geschäftsvorfälle	€
3)	Kontoauszug mit Gutschrift:	Banküberweisungen von Kunden	38.000,00
4)	Eingangsrechnung:	Reparatur einer Verpackungsmaschine auf Ziel	14.000,00
5)	Kontoauszug mit Lastschrift:	Lohn- und Gehaltsauszahlungen	65.000,00
6)	Kontoauszug mit Lastschriften:	Überweisungen an Lieferer	26.500,00
		Überweisung an Lagerhallenvermieter	12.000,00
7)	Ausgangsrechnungen:	Verkauf aller produzierten Erzeugnisse auf Ziel	252.000.00
8)	Kassenbeleg:	Verkauf eines gebrauchten Schreibtisches gegen Barzahlung	200,00
9)	Kassenbeleg:	Für die Vermittlung eines Warengeschäftes erhalten wir eine Provision bar	2.500,00

Inventurbestände:
Rohstoffe: 15.000,00 €; Hilfsstoffe: 37.000,00 €; Betriebsstoffe: 8.400,00 €

Aufgabe 3

Ermitteln Sie den Erfolg:
Absatzleistung: 2 000 Erzeugnisse zu je 200,00 €
Lagerleistung: 500 Erzeugnisse zu je 120,00 €
Gesamtaufwand: 2 500 Erzeugnisse zu je 120,00 €

Aufgabe 4

In der Gewinn- und Verlustrechnung eines Industriebetriebs wurden Umsatzerlöse in Höhe von 870.000,00 € ausgewiesen. Die Aufwendungen betrugen 650.000,00 €. Ermitteln Sie den Erfolg, wenn nachfolgende Bestandsveränderungen noch zu berücksichtigen sind:

a unfertige Erzeugnisse	Anfangsbestand:	20.000,00 €
	Endbestand:	30.000,00 €
fertige Erzeugnisse	Anfangsbestand:	270.000,00 €
	Endbestand:	360.000,00 €
b unfertige Erzeugnisse	Anfangsbestand:	42.000,00 €
	Endbestand:	32.000,00 €
fertige Erzeugnisse	Anfangsbestand:	170.000,00 €
	Endbestand:	120.000,00 €
c unfertige Erzeugnisse	Anfangsbestand:	62.000,00 €
	Endbestand:	31.000,00 €
fertige Erzeugnisse	Anfangsbestand:	180.000,00 €
	Endbestand:	270.000,00 €

Aufgabe 5

In einem Unternehmen, welches nur ein Erzeugnis herstellt, betragen die Herstellungskosten je produziertes Erzeugnis 50,00 €. Die Nettoverkaufserlöse je verkauftes Erzeugnis betragen 80,00 €. Ermitteln Sie den Erfolg der Unternehmung unter Berücksichtigung der nachfolgenden Angaben:

Anfangsbestände:	50 Stück	fertige Erzeugnisse
	100 Stück	unfertige Erzeugnisse, der Fertigungsgrad beträgt 50 %
Produktion:	1100 Stück	fertige Erzeugnisse
	200 Stück	unfertige Erzeugnisse, der Fertigungsgrad beträgt 50 %
Absatz:	950 Stück	fertige Erzeugnisse
Endbestände:	200 Stück	fertige Erzeugnisse
	300 Stück	unfertige Erzeugnisse, der Fertigungsgrad beträgt 50 %

Ermitteln Sie

a den Wert der Bestandsveränderungen für fertige und unfertige Erzeugnisse,

b den Erfolg in der Gewinn- und Verlustrechnung.

Aufgabe 6

Bilden Sie die Buchungssätze:

		€
1)	Bestandsminderung Konto unfertige Erzeugnisse	22.000,00
2)	Bestandsmehrung Konto fertige Erzeugnisse	32.000,00
3)	Auf dem Konto Bestandsveränderungen überwiegen die Bestandsminderungen	114.000,00
4)	Auf dem Konto Bestandsveränderungen überwiegen die Bestandsmehrungen	62.000,00
5)	Buchung der Bestandsveränderung: unfertige Erzeugnisse	
	Anfangsbestand	6.000,00
	Endbestand	20.000,00
6)	Buchung der Bestandsveränderung: fertige Erzeugnisse	
	Anfangsbestand	36.000,00
	Endbestand	18.000,00

Aufgabe 7
Erstellen Sie einen Geschäftsgang im Grund- und Hauptbuch.

Hinweise:
Der Rohstoffeinkauf wird aufwandsorientiert gebucht.
- Hilfs- und Betriebsstoffeinkäufe werden bestandsorientiert erfasst.
- Der Hilfsstoffverbrauch wird durch Materialentnahmescheine ermittelt.
- Der Betriebsstoffverbrauch wird im Rahmen der Inventur errechnet und gebucht.

Soll der Geschäftsgang vollständig aufwandsorientiert gebucht werden, muss der Geschäftsvorfall 4 gestrichen werden. Folgender Inventurbestand ist dann zusätzlich zu beachten: Hilfsstoffe 8.000,00 €.

Anfangsbestände der Bestandkonten:

Aktive Bestandskonten	€	Passive Bestandskonten	€
Maschinen	120.000,00	Eigenkapital	200.000,00
Betriebs- und Geschäftsausstattung	60.000,00	langfristige Bankverbindlichkeiten	100.000,00
Rohstoffe	1.000,00		
Hilfsstoffe	12.000,00	Verbindlichkeiten a. L. L.	18.000,00
Betriebsstoffe	2.000,00		
Forderungen	44.000,00		
Bankguthaben	65.000,00		
Kasse	14.000,00		

Weitere einzurichtende Konten: EBK, Aufwendungen für Rohstoffe (Fertigungsmaterial), Aufwendungen für Hilfsstoffe, Aufwendungen für Betriebsstoffe, Löhne, Gehälter, Umsatzerlöse für eigene Erzeugnisse, Zinserträge, GuV-Konto, SBK

Nr.	Belegart	Geschäftsvorfälle	€
1)	Eingangsrechnung	Einkauf von Rohstoffen auf Ziel	60.000,00
2)	Ausgangsrechnung, Kassenbeleg	Verkauf einer gebrauchten Maschine gegen Barzahlung	20.000,00
3)	Eingangsrechnung, Kontoauszug	Einkauf von Hilfsstoffen gegen Banküberweisung	24.000,00
4)	Materialentnahmescheine	Hilfsstoffverbrauch	28.000,00
5)	Kontoauszug	Banküberweisungen für Löhne und Gehälter	14.000,00 8.500,00
6)	Kontoauszug	Bankgutschrift für Zinsen	2.500,00
7)	Eingangsrechnung	Zielkauf von Betriebsstoffen	6.000,00
8)	Ausgangsrechnung	Verkauf von eigenen Erzeugnissen auf Ziel	124.000,00
9)	Vertrag, Kontoauszug	Aufnahme eines Darlehens gegen Bankgutschrift	52.000,00
10)	Eingangsrechnung, Kontoauszug	Kauf einer neuen Büroeinrichtung gegen Banküberweisung	48.000,00

Abschlussangaben: Inventurbestand Rohstoffe 2.500,00 €; der Buchwert des Hilfsstoffbestandes stimmt mit dem Inventurwert überein; der Inventurwert der Betriebsstoffe beträgt 1.200,00 €. Der Endbestand der Hilfsstoffe muss errechnet werden.

Lernsituation 28

FK → TAF 11.3 | Kap. 4.2

Kontenplan

Situation

Werner Freitag ist zurzeit sehr zufrieden – sein Unternehmen wächst ständig. Sehr hilfreich dabei war seine eigene Website, über die er jetzt Sonderposten nur an Gewerbetreibende vertreibt. Darüber hinaus ist er auch Produzent geworden. Die Preise auf dem Weltmarkt für Computer-Bauteile sind so stark gesunken, dass es sich für ihn lohnt, Desktop-PCs zu produzieren. Natürlich „schrauben" seine neuen Mitarbeiter nur Fremdbauteile zusammen. Er beschäftigt jetzt drei Angestellte und drei Arbeiter – alle in Vollzeit und unbefristet!

Außer einem Firmenwagen, vier PC-Einheiten (selbst hergestellt!), einigen Büromöbeln und einer kleinen Werkstatteinrichtung (Tische, Werkzeuge, Testgeräte) besitzt er immer noch kein „hochwertiges" Anlagevermögen – die Lagerhalle mit Werkstatt und Bürotrakt ist nur gemietet. Natürlich hat Herr Freitag ein Bankkonto und kauft Handelswaren, Fremdbauteile, Hilfsstoffe und Betriebsstoffe „auf Rechnung". Verkäufe auf Ziel macht er zwar nicht gerne, das ist jetzt aber nicht mehr zu vermeiden. Da die Expansion viel Geld gekostet hat, ist er jetzt auch Kunde bei der ortsansässigen Sparkasse in deren Darlehensgeschäft.

Arbeitsauftrag

1 Erstellen Sie für Herrn Freitag einen Kontenplan, der für seine derzeitige Unternehmenssituation die wahrscheinlich notwendigen Konten auflistet. Es genügt die Angabe der Kontennummer.

Kontenplan Werner Freitag e. K.

Kontenklasse		Wahrscheinlich notwendige Konten (Kontonummern)
0	Sachanlagen	
1	Finanzanlagen	
2	Umlaufvermögen	
3	Eigenkapital	
4	Verbindlichkeiten	
5	Erträge	
6	Betriebliche Aufwendungen	
7	Weitere Aufwendungen	
8	Ergebnisrechnungen	

Arbeitsblatt 28.1 | Wichtige Konten im Überblick

Erste Stelle = Kontenklasse Dritte Stelle = ______

Zweite Stelle = ______ Vierte Stelle = ______

Konto-Nr.				Kontenbezeichnung
0	5	1	0	Bebaute Grundstücke
0	7	2	0	
0	8	2	0	
0	8	4	0	
0	8	6	0	
0	8	7	0	
2	0	0	0	
2	0	1	0	
2	0	2	0	
2	0	3	0	
2	1	0	0	
2	2	0	0	
2	4	0	0	
				Bankguthaben
				Kasse
3	0	0	0	
				Langfristige Bankverbindlichkeiten (Darlehen, Hypotheken)
4	4	0	0	
5	0	0	0	
				Bestandsveränderungen
				Nebenerlöse (z. B. Mieterträge)
5	7	1	0	
6	0	0	0	
6	0	1	0	
6	0	2	0	
6	0	3	0	
6	2	0	0	
6	3	0	0	
				Mieten, Pachten
6	8	0	0	
7	5	1	0	
8	0	0	0	Eröffnungsbilanzkonto
8	0	1	0	
8	0	2	0	

Aufgaben

Aufgabe 1

Erläutern Sie die Geschäftsvorfälle, deren Buchungen Sie auf dem nachfolgenden Konto verfolgen können.

S	2800		H
1) 8000	24.000,00	3) 4400	4.600,00
2) 2400	2.300,00	4) 2880	500,00
6) 5100	6.900,00	5) 6880	200,00
		7) 8010	27.900,00
	33.200,00		33.200,00

Aufgabe 2

Folgendes Eröffnungsbilanzkonto ist vorgegeben:

S	8000		H
3000	116.500,00	0720	114.000,00
4250	84.000,00	0860	42.000,00
4400	25.700,00	0870	22.300,00
		2000	10.000,00
		2400	11.500,00
		2800	25.500,00
		2880	900,00
	226.200,00		226.200,00

Tragen Sie die Gegenbuchungen auf den Bestandskonten ein und buchen Sie die folgenden Geschäftsvorfälle unter Berücksichtigung des nachfolgenden Kontenplans mit Kontonummern (bestandsorientierter Rohstoffeinkauf).

Kontenplan: 0720, 0860, 0870, 2000, 2400, 2800, 2880, 3000, 4250, 4400, 5000, 5410, 6000, 6160, 6300, 6700, 8000, 8010, 8020.

Nr., Belegart, Geschäftsvorfälle	€
1) Ausgangsrechnungen: Zielverkauf von eigenen Erzeugnissen	86.250,00
2) Kontoauszug der Bank mit Lastschriften:	
Mietzahlung	5.400,00
Gehaltsauszahlung	12.500,00
3) Quittung: Reparatur einer Hebebühne gegen Barzahlung	690,00
4) Eingangsrechnungen: Rohstoffeinkäufe auf Ziel	39.675,00
5) Kontoauszug mit Gutschriften:	
Überweisungen von Kunden	53.000,00
Provisionszahlungen	14.375,00
6) Kontoauszug mit Lastschrift: Tilgung eines langfristigen Darlehens	10.000,00
7) Eingangsrechnung: Kauf eines Personalcomputers auf Ziel	3.680,00

Abschlussangabe	
A1) Endbestand (Inventurbestand) Rohstoffe	8.000,00

Alle produzierten Erzeugnisse werden in dieser Abrechnungsperiode verkauft (keine Bestandsveränderungen).

a Bilden Sie die Buchungssätze mit Kontennummern.

b Buchen Sie die Geschäftsvorfälle auf den Konten.

c Schließen Sie alle Konten ab und erstellen Sie das GuV-Konto und das SBK.

Aufgabe 3

Erstellen Sie einen Geschäftsgang im Grund- und Hauptbuch.

Anfangsbestände der Bestandskonten	€
0800 Betriebs- u. Geschäftsausstattung[1]	100.000,00
2000 Rohstoffe[2]	50.000,00
2400 Forderungen a. L. L.	40.000,00
2800 Bankguthaben	60.000,00
3000 Eigenkapital	105.000,00
4250 langfristige Bankverbindlichkeiten	120.000,00
4400 Verbindlichkeiten a. L. L.	25.000,00

[1] Sammelkonto

[2] Der Rohstoffeinkauf kann bestands- oder aufwandsorientiert erfasst werden.

Weitere einzurichtende Konten: 5000 Umsatzerlöse für eigene Erzeugnisse, 6000 Aufwendungen für Rohstoffe, 6200 Löhne, 6300 Gehälter, 6800 Büromaterial, 6870 Werbung, 7510 Zinsaufwendungen, 8020 GuV-Konto, 8010 Schlussbilanzkonto.

Nr.	Belegart	Geschäftsvorfälle	€
1)	Eingangsrechnung	Rohstoffeinkauf auf Ziel	120.000,00
2)	Ausgangsrechnung, Kontoauszug	Erzeugnisverkauf gegen Banküberweisung	230.000,00
3)	Kontoauszug	Banklastschrift für Büromaterialeinkauf	500,00
4)	Eingangsrechnung	Kauf neuer Büromöbel auf Ziel	4.500,00
5)	Kontoauszug	Banklastschrift für Überweisungen an Lieferer	20.000,00
6)	Kontoauszug	Banklastschrift für Gehaltzahlungen 40.000,00 Banklastschrift für Lohnzahlungen 20.000,00	60.000,00
7)	Eingangsrechnung	Werbeanzeige in einer Fachzeitschrift	1.000,00
8)	Kontoauszug	Lastschrift für Darlehenstilgungsrate 5.000,00 Lastschrift für Darlehenszinsen 500,00	5.500,00
9)	Kontoauszug	Gutschrift für Überweisungen von Kunden	15.000,00

Abschlussangaben: Der Inventurbestand der Rohstoffe beträgt 40.000,00 €.

Aufgabe 4

Bilden Sie die Buchungssätze mit Kontennummern.

Nr.	Belegart	Geschäftsvorfälle	€
1)	Kontoauszug der Bank mit Lastschriften	Lagerhallenmiete Zinszahlungen Telefongebühren der Deutschen Telekom Löhne Gehälter	6.000,00 1.100,00 600,00 24.000,00 32.000,00
2)	Kontoauszug der Bank mit Gutschriften	Überweisungen von Kunden Zinsgutschrift der Bank Provisionszahlungen	34.000,00 600,00 12.600,00
3)	Abschluss der Konten	Rohstoffe Umsatzerlöse für eigene Erzeugnisse Zinsaufwendungen Provisionserträge GuV-Konto (bei Gewinn) GuV-Konto (bei Verlust) Fuhrpark Verbindlichkeiten a. L. L. Eigenkapital	134.000,00 262.000,00 3.600,00 9.600,00 66.000,00 12.300,00 122.000,00 98.000,00 334.000,00
4)	Eingangsrechnung	Wareneinkauf auf Ziel	44.000,00
5)	Ausgangsrechnung	Warenverkauf auf Ziel	86.000,00

Lernsituation 29

FK → TAF 11.3 | Kap. 5

Das System der Umsatzsteuer

Situation

Sie arbeiten zurzeit im Funktionsbereich Rechnungswesen der Fly Bike Werke GmbH und haben die Aufgabe erhalten, für den internen Gebrauch die Umsatzsteuerzahllast aufgrundlage der vorliegenden Belege zu ermitteln.

Beleg Nr. 1

Tamino Deutschland GmbH

Tamino Deutschland GmbH, Immermannstraße 24, 40210 Düsseldorf

Posteingang: 28.12.20X1

Fly Bike Werke GmbH
Rostocker Straße 334
26121 Oldenburg

Rechnungsprüfung	
Sachlich richtig	Rechnerisch richtig
Datum 28.12.20X1	Datum 28.12.20X1
Nz. Ta	Nz. Ta

Rechnung-Nr. 416

Bearbeiter	Kunden-Nr.	Ihre Bestellung Nr.	vom	Rechnungsdatum
Herr Freundlich	44001	216	04.11.20X1	27.12.20X1

Versandart/Freivermerk	Verpackungsart	geliefert am
per Lkw frei Haus	Kartons/Palette	27.12.20X1

Artikel-Nr.	Warenbezeichnung	Menge	Preis	Einheit	Gesamtpreis
2060	MTB XT Räder und Schaltungen	50	55,56 €	Set	2.778,00 €
2260	MTB XT Antrieb	50	17,05 €	Set	852,50 €
			Nettorechnungsbetrag		3.630,50 €
			+ 19 % Mehrwertsteuer		689,80 €
			Rechnungssumme		4.320,30 €

Bitte überweisen Sie unter Angabe der Rechnungsnummer auf das unten angegebene Konto
EUR 4.320,30 **bis:** 26.01.20X2 **oder EUR** 4.190,69 **bis:** 04.01.20X2

Beleg Nr. 2

Color GmbH
Ludwigshafen

Posteingang: 29.12.20X1

Color GmbH, Hafenstr. 125, 67061 Ludwigshafen

Fly Bike Werke GmbH
Rostocker Straße 334
26121 Oldenburg

Kunden-Nr.: 424
Ansprechpartner: Frau Reineke
Telefon: 0621 582664
Lieferschein-Nr.: 4292
Lieferdatum: 25.12.20X1
Rechnungsdatum: 28.12.20X1

Rechnungsprüfung	
Sachlich richtig	Rechnerisch richtig
Datum 29.12.20X1	Datum 29.12.20X1
Nz. Ta	Nz. Ta

Rechnung Nr.: 4292

Pos.	Artikel-Nr.	Artikelbezeichnung	Menge	Preis je Einheit	Gesamtpreis
1	900100	Klarlack	200 Liter	3,45 €	690,00 €
2	800200	Spezialgrundierung für Edelstähle	200 Liter	2,45 €	490,00 €
3	700100	Standardfarbe „gelb"	20 Liter	4,30 €	86,00 €
4	700821	Sonderfarbe „morror-polish"	120 Liter	6,00 €	720,00 €
5	702400	Sonderfarbe „lemon squash"	120 Liter	6,00 €	720,00 €

Warenwert	Verpackungskosten	Transportkosten	Nettorechnungsbetrag	Umsatzsteuer 19 %	Bruttorechnungsbetrag
2.706,00 €	–	–	2.706,00 €	514,14 €	3.220,14 €

Zahlungsziel 30 Tage, bei Zahlung innerhalb von 8 Tagen 2 % Skonto.

Beleg Nr. 3

Fly Bike Werke GmbH

FBW GmbH · Rostocker Str. 334 · 26121 Oldenburg

Sachsenrad Gmb H
Bayreuther St r. 20
01277 Dresden

Kundennummer:	1009
Ihre Bestellung Nr.:	13
Ihr Bestelldatum:	15.12.20X1
Unsere Lieferschein-Nr.:	958
Unser Lieferdatum:	27.12.20X1
Ihr FBW-Ansprechpartner:	Herr Baumann
Tel.:	0441 885-11

Rechnungs-Nr.: 958 **Rechnungsdatum: 27.12.20X1**

Artikel-Nr.	Artikelbezeichnung	Stück	Einzelpreis in €	Rabatt in %	Gesamtpreis in €
201	Trekking *Light*	50	299,25	29,00	10.623,38
202	Trekking *Free*	10	350,00	27,50	2.537,50
Versandart/Freivermerk: Lkw ab Werk		Nettorechnungsbetrag in €			13.160,88
		+19 % Umsatzsteuer in €			2.500,57
		Bruttorechnungsbetrag in €			15.661,45

Bitte überweisen Sie:	Datum:	Skonto in %	Skonto in €	Betrag in €
Innerhalb der Skontofrist bis:	04.01.20X2	2	313,23	15.348,22
Innerhalb des Zahlungsziels bis:	26.01.20X2			15.661,45

Beleg Nr. 4

Fly Bike Werke GmbH

FBW GmbH · Rostocker Str. 334 · 26121 Oldenburg

Fahrrad & Motorrad GmbH
Alter Hellweg 46
44379 Dortmund

Kundennummer:	10005
Ihre Bestellung Nr.:	134
Ihr Bestelldatum:	15.12.20X1
Unsere Lieferschein-Nr.:	595
Unser Lieferdatum:	29.12.20X1
Ihr FBW-Ansprechpartner:	Herr Ganser
Tel.:	0441 885-01

Rechnungs-Nr.: 959 **Rechnungsdatum: 29.12.20X1**

Artikel-Nr.	Artikelbezeichnung	Stück	Einzelpreis in €	Rabatt in %	Gesamtpreis in €
401	Renn *Fast*	12	1.260,00	29,00	10.735,20
402	Renn *Superfast*	5	2.205,00	27,50	7.993,13
Versandart/Freivermerk: Lkw ab Werk		Nettorechnungsbetrag in €			18.728,33
		+19 % Umsatzsteuer in €			3.558,38
		Bruttorechnungsbetrag in €			22.286,71

Bitte überweisen Sie:	Datum:	Skonto in %	Skonto in €	Betrag in €
Innerhalb der Skontofrist bis:	06.01.20X2	2	445,73	21.840,98
Innerhalb des Zahlungsziels bis:	28.01.20X2			22.286,71

Eingangsrechnungen	
Beleg	gezahlte Vorsteuer
Summe	

Ausgangsrechnungen	
Beleg	erhaltene Umsatzsteuer
Summe	

Ermittlung der Zahllast	
erhaltene Umsatzsteuer	
– gezahlte Vorsteuer	
= Zahllast	

Arbeitsblatt 29.1 | Umsatzsteuer in Rechnungen

Vervollständigen Sie die vorliegende Ausgangsrechnung der Fly Bike Werke GmbH. Tragen Sie dazu seitlich neben der Rechnung entsprechend den Pfeilen in die Kästchen ein

a den Nettorechnungsbetrag
b den Bruttorechnungsbetrag
c den Betrag, den die Fly Bike Werke GmbH an das Finanzamt weiterleiten muss
d den Skontobetrag (2 %)
e den Betrag, den der Kunde an die Fly Bike Werke GmbH bei Abzug von 2 % Skonto bezahlen muss

Fly Bike Werke GmbH

FBW GmbH • Rostocker Str. 334 • 26121 Oldenburg

Zweirad GmbH
Herzogstraße 70
40251 Düsseldorf

Kundennummer:	10004
Ihre Bestellung Nr.:	134
Ihr Bestelldatum:	26.09.20XX
Unsere Lieferschein-Nr.:	957
Unser Lieferdatum:	30.09.20XX
Ihr FBW-Ansprechpartner:	Frau Ganser
Tel.:	0441 885 11

Rechnung-Nr.: 957 **Rechnungsdatum: 30.09.20XX**

Artikel-Nr.	Artikelbezeichnung	Stück	Einzelpreis in €	Rabatt in %	Gesamtpreis in €
201	Trekking *Light*	40	299,25	29,00	8.498,70
202	Trekking *Free*	30	350,00	29,00	7.455,00
302	Mountain *Constitution*	51	598,50	30,00	21.366,45
303	Mountain *Unlimited*	20	997,50	29,00	14.164,50
401	Renn *Fast*	6	1.260,00	27,50	5.481,00
402	Renn *Superfast*	2	2.205,00	27,50	3.197,25
	Fracht Lkw				581,91
Versandart/Freivermerk: Lkw ab Werk		Nettorechnungsbetrag in €			→ a
		+19 % Umsatzsteuer in €			→ c
		Bruttorechnungsbetrag in €			→ b

Bitte überweisen Sie:	Datum:	Skonto in %	Skonto in €	Betrag in €
Innerhalb der Skontofrist bis:	08.10.20XX	2	→ d	→ e
Innerhalb des Zahlungsziels bis:	30.10.20XX			

a ______
b ______
c ______
d ______
e ______

Rechnungsbegriffe		Prozentzahlen im Verhältnis zueinander
Nettorechnungsbetrag	≙	
	≙	+ 19 % (bzw. + 7 %)
	≙	

3 Ermitteln Sie die Umsatzsteuerbeträge und die Brutto- bzw. Nettorechnungsbeträge in €.

Nettorechnungsbetrag in €	Umsatzsteuersatz	Umsatzsteuerbetrag in €	Bruttorechnungsbetrag in €
400,00	19 %		
5.000,00	19 %		
3.000,00	7 %		
6.300,00	7 %		

Bruttorechnungsbetrag in €	Umsatzsteuersatz	Umsatzsteuerbetrag in €	Nettorechnungsbetrag in €
5.950,00	19 %		
952,00	19 %		
4.280,00	7 %		
599,20	7 %		

Arbeitsblatt 29.2 | Abschluss der Umsatzsteuerkonten, Teil I Umsatzsteuer > Vorsteuer

Größere Unternehmen müssen monatlich die gebuchten Beträge auf ihren Umsatzsteuerkonten ermitteln und verrechnen. Im Normalfall übersteigt die von Kunden gezahlte Umsatzsteuer wertmäßig die an Lieferanten gezahlte Vorsteuer. Es entsteht eine Zahllast, die an das Finanzamt abgeführt (überwiesen) werden muss. Im Ausnahmefall ist allerdings auch ein Vorsteuerüberhang zu buchen.

- Aktives Bestandskonto Vorsteuer = Forderung an das Finanzamt
- Passives Bestandskonto Umsatzsteuer = Verbindlichkeit gegenüber dem Finanzamt

Fall 1: Die in einem Monat erhaltene Umsatzsteuer ist größer als die gezahlte Vorsteuer.

Abschlussangabe: Die Zahllast ist an das Finanzamt zu überweisen.

Hinweis: Die Zahllast wird für die Monate Januar bis November immer am 10. des Folgemonats an das Finanzamt überwiesen.

S	2600 Vorsteuer		H
2800	12.500,00		

S	4800 Umsatzsteuer		H
		2800	21.500,00

S	2800 Bankguthaben		H
8000	39.000,00		

Buchungen:
1) Verrechnung der Umsatzsteuerkonten
2) Banküberweisung der Zahllast

	Konto der Sollbuchung	€	an	Konto der Habenbuchung	€
1)					
2)					

Fall 2: Die im Monat Dezember erhaltene Umsatzsteuer ist größer die gezahlte Vorsteuer.

Abschlussangabe: Die Zahllast ist zu passivieren.

Hinweis: Die Zahllast des Monats Dezember wird erst am 10. Januar des Folgejahres an das Finanzamt überwiesen. Am 31.12. wird das passive Bestandskonto Umsatzsteuer (Verbindlichkeit gegenüber dem Finanzamt) in der Bilanz bei den Verbindlichkeiten ausgewiesen!

S	2600 Vorsteuer		H
2800	21.000,00		

S	4800 Umsatzsteuer		H
		2800	26.500,00

S	8010 SBK		H

Buchungen:
1) Verrechnung der Umsatzsteuerkonten
2) Passivierung der Zahllast

	Konto der Sollbuchung	€	an	Konto der Habenbuchung	€
1)					
2)					

Arbeitsblatt 29.3 | Abschluss der Umsatzsteuerkonten, Teil II Vorsteuer > Umsatzsteuer

Fall 3: Die Summe der Vorsteuer ist größer als die Summe der Umsatzsteuer.

Abschlussangabe: Der Vorsteuerüberhang wird vom Finanzamt überwiesen.

Hinweis: Ein Vorsteuerüberhang in den Monaten Januar bis November wird immer am 10. des Folgemonats vom Finanzamt auf das Bankkonto des Betriebes überwiesen.

S	2600 Vorsteuer		H
2800	14.500,00		

S	4800 Umsatzsteuer		H
		2800	9.500,00

S	2800 Bankguthaben		H
8000	19.000,00		

Buchungen:
1) Verrechnung der Umsatzsteuerkonten
2) Banküberweisung des Vorsteuerüberhangs

	Konto der Sollbuchung	€	an	Konto der Habenbuchung	€
1)					
2)					

Fall 4: Die Summe der Vorsteuer ist größer als die Summe der Umsatzsteuer.

Abschlussangabe: Der Vorsteuerüberhang ist zu aktivieren.

Hinweis: Der Vorsteuerüberhang im Monat Dezember wird erst am 10. Januar vom Finanzamt überwiesen. Am 31.12. wird das aktive Bestandskonto Umsatzsteuer (Forderung gegenüber dem Finanzamt) in der Bilanz bei den Forderungen ausgewiesen.

S	2600 Vorsteuer		H
2800	19.500,00		

S	4800 Umsatzsteuer		H
		2800	16.500,00

S	8010 SBK		H

Buchungen:
1) Verrechnung der Umsatzsteuerkonten
2) Aktivierung des Vorsteuerüberhangs

	Konto der Sollbuchung	€	an	Konto der Habenbuchung	€
1)					
2)					

Aufgaben

Aufgabe 1

Ein Forstbetrieb verkauft Holz für netto 100,00 € an eine Tischlerei. Diese stellt daraus einen Tisch her und verkauft diesen zum Nettowarenwert von 400,00 € an einen Möbelgroßhändler. Ein Einrichtungshaus erwirbt von diesem Händler den Tisch für netto 600,00 € und verkauft ihn für netto 1.000,00 € an einen Endverbraucher. Auf jeder Stufe ist mit Umsatzsteuer in Höhe von 19 % zu rechnen.

a Berechnen Sie mithilfe der Tabellen für jede Wirtschaftsstufe die abzuführende Zahllast.

	Forstbetrieb	Tischlerei	Möbelgroßhändler	Fachgeschäft für Möbel	Endverbraucher
Nettoverkaufspreis (= Warenwert)					Bruttopreis
+ Umsatzsteuer					USt
= Bruttoverkaufspreis (= Ladenverkaufspreis)					Nettopreis
erhaltene Umsatzsteuer					
– gezahlte Umsatzsteuer (= Vorsteuer)					
= abzuführende Zahllast					summierte Zahllast aller Unternehmen

b Begründen Sie, warum die Umsatzsteuer auch Mehrwertsteuer heißt, indem Sie die folgende Tabelle ausfüllen.

	Forstbetrieb	Tischlerei	Möbelgroßhändler	Fachgeschäft für Möbel	Endverbraucher
erarbeiteter Mehrwert je Wirtschaftsstufe (= Nettoverkaufspreis – Nettoeinkaufspreis)					Summe
Besteuerung des Mehrwertes mit 19 % (= Zahllast)					Summe

Aufgabe 2

Erläutern Sie in eigenen Worten, wieso die Umsatzsteuer aus Unternehmersicht ein durchlaufender Posten ist und keinen Einfluss auf den Erfolg des Unternehmens hat.

Aufgabe 3

Füllen Sie den folgenden Lückentext aus.

a Die Umsatzsteuer ist ausschließlich vom ____________________ zu tragen. Der Unternehmer muss die Umsatzsteuer seinen Kunden im Namen des ____________________ in Rechnung stellen, vereinnahmen und an dasselbige abführen. Steuerschuldner ist das ____________________. Aus Sicht eines Unternehmens ist die von den Kunden erhaltene Umsatzsteuer eine ____________________ gegenüber dem Finanzamt.

b Beim Einkauf von Material, Waren, Anlagen und Dienstleistungen zahlt der Unternehmer zunächst selbst auch Umsatzsteuer. Diese beim Einkauf gezahlte USt wird aus Sicht des Unternehmers als ______________________ bezeichnet. Die ______________________ ist dem Charakter nach eine Vorauszahlung an das Finanzamt auf die später abzuführende Umsatzsteuerschuld. Die Vorsteuer stellt eine ______________________ gegenüber dem Finanzamt dar.

c Wenn das Unternehmen insgesamt wertmäßig mehr Erzeugnisse und Waren verkauft, als es umsatzsteuerpflichtig eingekauft hat, dann ist die erhaltene Umsatzsteuer ______________________ als die gezahlte Vorsteuer. Somit schuldet das Unternehmen dem ______________________ noch Geld. Um die tatsächliche Umsatzsteuerschuld (= Zahllast) des Unternehmens zu ermitteln, wird die beim Einkauf der Waren vorab geleistete Vorsteuer mit der beim Verkauf erhaltenen Umsatzsteuer verrechnet.

d Da der Endverbraucher keinen Vorsteuerabzug geltend machen kann, zahlt er die gesamte Umsatzsteuer. Für alle Unternehmen ist die Umsatzsteuer dagegen ein durchlaufender Posten ohne Auswirkung auf den ______________________ des Unternehmens.

Aufgabe 4
Ermitteln Sie die Höhe der Umsatzsteuer der Geschäftsvorfälle und buchen Sie die Geschäftsvorfälle im Grundbuch (Buchungssätze). Richten Sie außerdem im Hauptbuch (Ausschnitt) Konten für Vorsteuer und Umsatzsteuer ein, buchen Sie auf diesen Konten die Umsatzsteuer beim Ein- und Verkauf und schließen Sie diese Konten ab.

Hinweise:
- Der Materialeinkauf ist bestandsorientiert zu buchen.
- Die Zahllast an das Finanzamt ist per Banküberweisung auszugleichen.

	€
1) **Eingangsrechnung:**	
Rohstoffeinkauf auf Ziel	42.000,00
+ 19 % Umsatzsteuer	
= Bruttorechnungsbetrag	
2) **Kontoauszug mit Lastschriften:**	
Hilfsstoffeinkauf und	15.000,00
Betriebsstoffeinkauf	20.000,00
+ Umsatzsteuer	
= Bruttorechnungsbetrag (Überweisungsbetrag)	
Hinweis: Hilfsstoffe 19 % USt, Betriebsstoffe 7 % USt	
3) **Ausgangsrechnung:**	
Verkauf von eigenen Erzeugnissen auf Ziel	
+ 19 % Umsatzsteuer	
= Bruttorechnungsbetrag	142.800,00

Aufgabe 5
An der Kasse vieler Geschäfte sieht man nebenstehende Schilder. Geben Sie die Bedeutung dieser Schilder an und erläutern Sie deren Hintergrund.

Auslaufendes Zeichen

Neues Zeichen

Aufgabe 6

Erstellen Sie einen vollständigen Geschäftsgang im Grund- und Hauptbuch:
- Der Rohstoffeinkauf wird aufwandsorientiert erfasst.
- Der Fremdbauteileeinkauf wird bestandsorientiert erfasst.
- Die Konten Maschinen und Betriebs- und Geschäftsausstattung werden als Sammelkonten geführt.

Hinweis:

Soll der Geschäftsgang vollständig aufwandsorientiert gebucht werden, muss der Geschäftsvorfall 4 gestrichen werden. Folgender Inventurbestand ist dann zusätzlich zu beachten: Fremdbauteile 27.400,00 €.

Anfangsbestände:

Aktive Bestandskonten	€	Passive Bestandskonten	€
0700 Maschinen	60.000,00	3000 Eigenkapital	243.200,00
0800 Betriebs- und Geschäftsausstattung	120.000,00	4250 langfristige Bankverbindlichkeiten	20.000,00
2000 Rohstoffe	4.600,00	4400 Verbindlichkeiten a. L. L.	26.000,00
2010 Fremdbauteile	43.400,00	4800 Umsatzsteuer	8.000,00
2400 Forderungen a. L. L.	32.000,00		
2800 Bankguthaben	34.000,00		
2880 Kasse	3.200,00		

Weitere einzurichtende Konten: 2600 Vorsteuer, 5000 Umsatzerlöse für eigene Erzeugnisse, 5400 Mieterträge, 5710 Zinserträge, 6000 Aufwendungen für Rohstoffe, 6010 Aufwendungen für Fremdbauteile, 6160 Fremdinstandhaltung, 6800 Büromaterial, 8010 SBK, 8020 GuV-Konto

Nr.	Belegart	Geschäftsvorfälle	€
1)	Kontoauszug mit Lastschrift	Überweisung der Zahllast des Vormonats	8.000,00
2)	Eingangsrechnung	Rohstoffeinkauf auf Ziel + 19 % Umsatzsteuer = Rechnungsbetrag	60.000,00 11.400,00 71.400,00
3)	Eingangsrechnung	Fremdbauteileeinkauf auf Ziel + 19 % Umsatzsteuer = Rechnungsbetrag	20.000,00 3.800,00 23.800,00
4)	Materialentnahmescheine	Fremdbauteileverbrauch	36.000,00
5)	Ausgangsrechnung	Verkauf von Erzeugnissen auf Ziel, netto + 19 % Umsatzsteuer = Rechnungsbetrag	134.000,00 25.460,00 159.460,00
6)	Kontoauszug mit Bankgutschrift	Zinszahlung	500,00
7)	Eingangsrechnung	Reparatur einer Produktionsmaschine + 19 % Umsatzsteuer = Rechnungsbetrag	2.200,00 418,00 2.618,00
8)	Quittung	Barkauf von Büromaterial + 19 % Umsatzsteuer = Rechnungsbetrag	200,00 38,00 238,00
9)	Kontoauszug mit Bankgutschrift	Mietzahlung für die Untervermietung ungenutzter Büroräume	1.000,00
10)	Kontoauszug mit Banklastschrift	Darlehenstilgung	2.500,00

Abschlussangaben:
- Der Inventurbestand der Rohstoffe beträgt 2.500,00 €; alle anderen Bestände stimmen mit den Inventurwerten überein.
- Die Zahllast ist zu passivieren.

TAF 11.3 Selbsteinschätzungsbogen

Ich kann ...	Kann ich	Kann ich nicht
Dokumentation elementarer Geschäftsfälle		
1. ... Gesetze, die die Dokumentation der Geschäftsvorfälle beeinflussen, nennen.		
2. ... die Aufgaben der Finanzbuchhaltung nennen.		
3. ... die Bereiche des Rechnungswesens nennen.		
Inventur, Inventar, Bilanz		
1. ... die Inventurarten gegenüberstellen.		
2. ... ein Inventar in Staffelform erstellen.		
3. ... eine Bilanz in Kontoform erstellen.		
Doppelte Buchführung: Bestandskonten		
1. ... Geschäftsvorfälle den vier Werteveränderungen von Bilanzposten zuordnen.		
2. ... Buchungsregeln beschreiben.		
3. ... auf Bestandskonten buchen und diese abschließen.		
Doppelte Buchführung: Erfolgskonten		
1. ... Aufwendungen und Erträge gegenüberstellen und buchen.		
2. ... eine Gewinn- und Verlustrechnung erstellen.		
3. ... Eigenkapitalveränderungen ermitteln und buchen.		
Aufbau eines Kontenrahmens		
1. ... einen Kontenrahmen und einen Kontenplan abgrenzen.		
2. ... den Aufbau einer Kontennummer beschreiben.		
3. ... den Namen für das Konto mit der Nummer 0840 nennen.		
Umsatzsteuer		
1. ... die Umsatzsteuersätze Beispielen (z. B. Zeitschriften) zuordnen		
2. ... eine Zahllast bzw. einen Vorsteuerüberhang ermitteln und buchen.		
3. ... die wirtschaftliche Bedeutung der Umsatzsteuer für den Staat erklären.		

Lernsituation 30

FK → TAF 11.4 | Kap. 2

Notwendigkeit des Wirtschaftens

Situation

Die Fachoberschüler Melanie Klein und Deniz Özal absolvieren bereits seit einem halben Jahr ihr Praktikum bei der Fly Bike Werke GmbH. Wie an jedem ersten Freitag im Monat findet auch heute das monatliche Treffen der beiden Praktikanten mit dem Geschäftsführer Hans Peters statt. Nachdem die Praktikanten über die vergangenen Wochen berichtet haben, eröffnet Herr Peters das Hauptthema des heutigen Treffens und es ergibt sich folgendes Gespräch:

Hans Peters: In Ihrem Praktikum machen Sie seit einigen Monaten die ersten Erfahrungen mit dem Arbeits- und Wirtschaftsleben. Ich würde heute gerne mit Ihnen ein wenig darüber sprechen, woher der Begriff „Wirtschaft“ eigentlich kommt. Können Sie erklären, was es heißt, wirtschaftlich zu handeln?

Melanie Klein: Hier im Unternehmen heißt das doch vor allem, möglichst wenig Kosten zu verursachen.

Deniz Özal: Na ja, wirtschaftlich handelt das Unternehmen doch dann, wenn viele Fahrräder verkauft werden und der Gewinn hoch ist.

Hans Peters: Schön, dass Sie den Begriff „Wirtschaften“ gleich aus der betrieblichen Perspektive betrachten. Aber wie ist das denn mit Ihnen? Handeln Sie als Privatpersonen auch wirtschaftlich?

Melanie Klein: Irgendwie versuche ich ja auch, Kosten zu senken, indem ich für die Sachen, die ich mir kaufe, nicht zu viel Geld bezahle.

Hans Peters: Genau. Und damit sollen Sie sich heute mal etwas genauer beschäftigen. Ich habe dafür ein paar Aufgaben vorbereitet. Nachdem Sie die bearbeitet haben, sollte Ihnen etwas klarer geworden sein, warum Menschen wie Sie und ich wirtschaften müssen.

Arbeitsaufträge

1 Informieren Sie sich in der Fachkunde über die verschiedenen Bedürfnisebenen, die der amerikanische Psychologe Abraham Maslow unterschieden hat. Vervollständigen Sie dann das Arbeitsblatt 30.1. Tragen Sie zunächst die Bedürfnisebenen ein. Erläutern Sie dann, warum für die Darstellung häufig die Pyramidenform gewählt wird. Ordnen Sie abschließend die folgenden zehn Bedürfnisse den Bedürfnisebenen zu:

glückliches Familienleben – Straßenbeleuchtung auf dem Heimweg – Mitgliedschaft im Handballverein – Sieg bei einem Handballspiel – Karriere als Handballprofi – Gesundheit – Freundschaften – Ausbildungsplatz – Lob vom Lehrer – etwas zu essen

2 Vervollständigen Sie das folgende Schaubild sinnvoll und besprechen Sie anschließend mit Ihrem Sitznachbarn den Unterschied zwischen einem Bedürfnis, einem Bedarf und einer Nachfrage.

Bedürfnis	→		→	
Beispiel: Kommunikation	→	Beispiel:	→	Beispiel:
Erläuterung:	→	Erläuterung:	→	Erläuterung:

3 Informieren Sie sich in der Fachkunde über die verschiedenen Güterarten und vervollständigen Sie anschließend das Arbeitsblatt 30.2.

4 Lesen Sie den folgenden Text und vervollständigen Sie anschließend das Arbeitsblatt 30.3. Diskutieren Sie dann mit Ihrem Sitznachbarn, was dieser Text mit den volkswirtschaftlichen Produktionsfaktoren zu tun hat.

Als Robinson Crusoe auf der einsamen Insel strandete, hatte er zunächst nur seine Arbeitskraft und die Natur mit ihren Pflanzen, Tieren und Bodenschätzen zur Verfügung, um sein Leben zu fristen. Anfangs ernährte sich Robinson von Fischen, die er mit seinen bloßen Händen mühselig aus dem Wasser griff. Bald überlegte er, wie er seinen Fischfang verbessern könnte.

Er verbrauchte in den nächsten Tagen nicht seine gesamte Fischbeute, sondern legte solange einen Teil der gefangenen Fische als Vorrat zurück, bis er eine ganze Tagesration „gespart" hatte. Als er soweit war, konnte er einen Tag lang seine ganze Arbeitskraft in die Herstellung einer Angel stecken; zur Ernährung verbrauchte er seinen Fischvorrat. Mit der neu geschaffenen Angel gelang es ihm, in kurzer Zeit seinen Tagesbedarf an Fischen zu decken. In der gewonnenen Zeit stellte er als Nächstes ein Netz und ein kleines Boot her. Jetzt konnte er nicht nur in noch kürzerer Zeit, sondern auch wesentlich bequemer seinen Bedarf an Fischen decken. Er wäre sogar in der Lage gewesen, weitaus mehr Fische zu fangen, als er zu seinem eigenen Lebensunterhalt benötigte. Bald darauf baute er Geräte und Werkzeuge, die ihn beim Bau einer Hütte, bei der Bestellung des Ackers und der Viehhaltung unterstützten.

5 Informieren Sie sich in der Fachkunde über die verschiedenen Arten der Arbeitsteilung und vervollständigen Sie anschließend das Arbeitsblatt 30.4.

6 In einem Werk des deutschen Dichters Wilhelm Busch befindet sich der folgende Satz: „Ein jeder Wunsch, wenn er erfüllt, kriegt augenblicklich Junge." Begründen Sie unter Bezugnahme auf dieses Zitat, warum Menschen wirtschaftlich handeln, und definieren Sie den Begriff „Wirtschaften".

Arbeitsblatt 30.1 | Bedürfnishierarchie nach Maslow

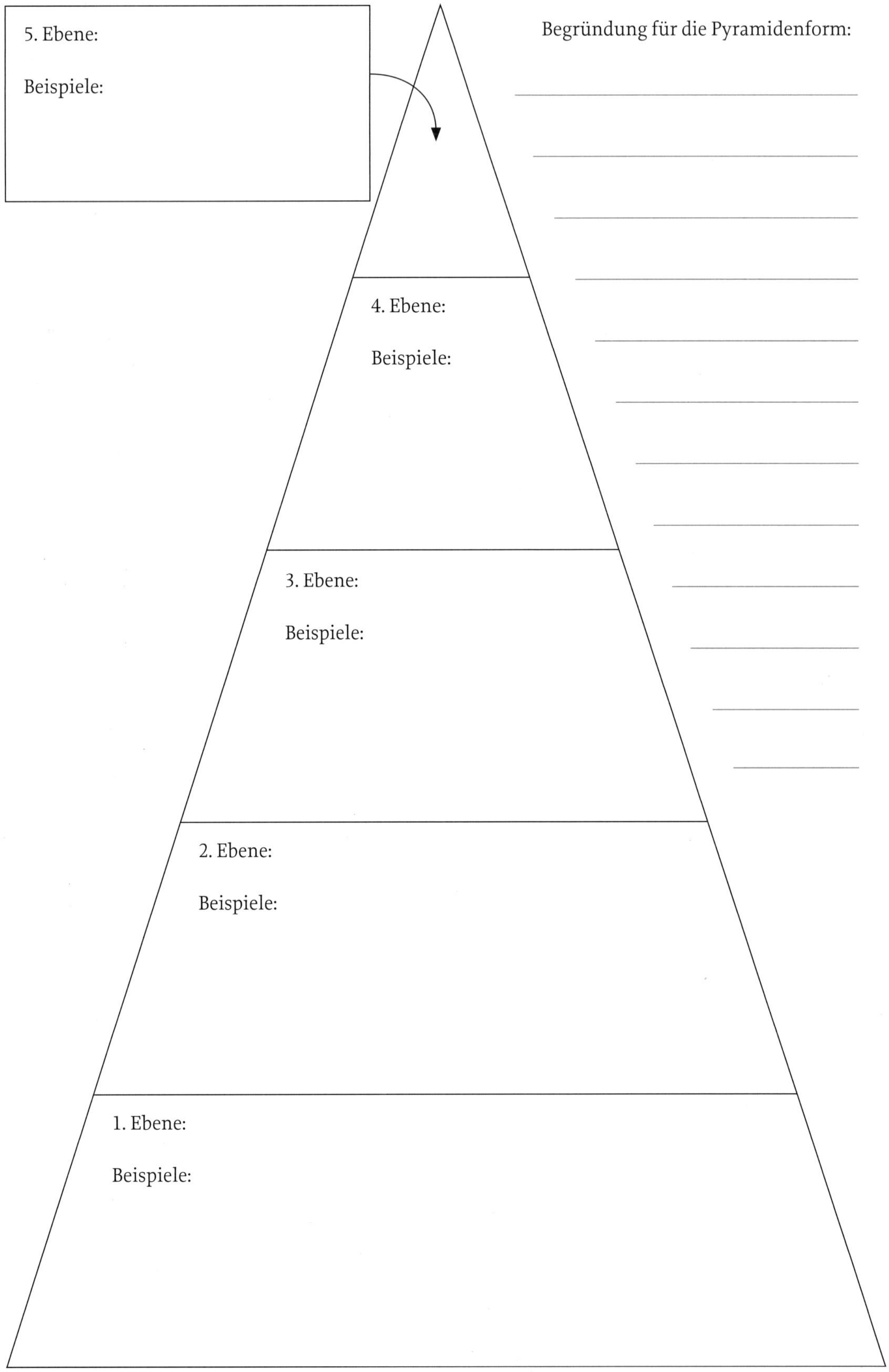

Begründung für die Pyramidenform:

Arbeitsblatt 30.2 | Güterarten

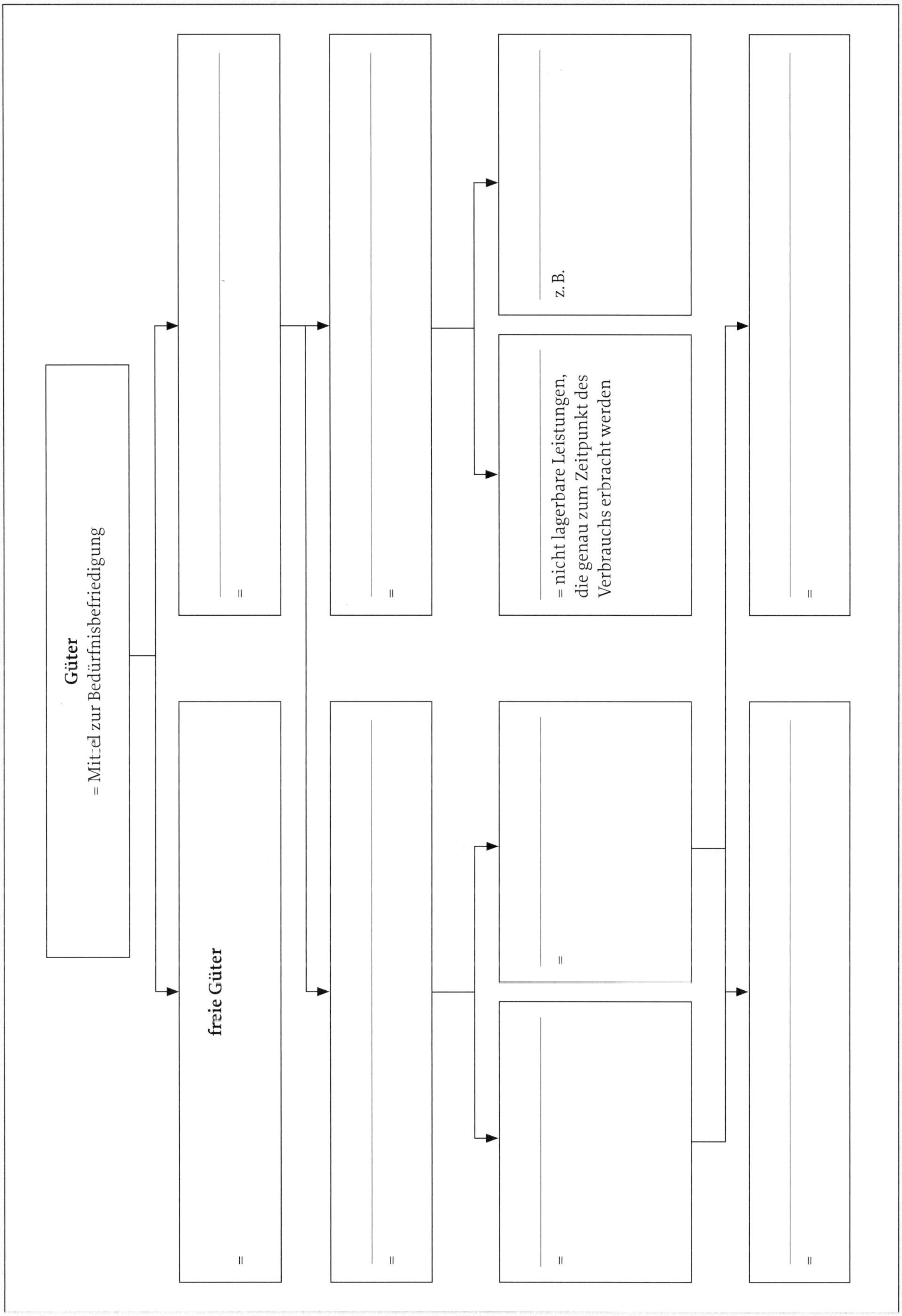

Arbeitsblatt 30.3 | Volkswirtschaftliche Produktionsfaktoren

____________	____________
Erläuterung: Beispiel aus dem Text:	Erläuterung: Beispiel aus dem Text:

werden kombiniert zur Bildung von

Kapital

____________	____________
Erläuterung: Beispiel aus dem Text:	Erläuterung: Beispiel aus dem Text:

„Vierter“ Produktionsfaktor: ____________

Erläuterung:

Arbeitsblatt 30.4 | Arbeitsteilung

Formen der Arbeitsteilung

Erläuterung:

Beispiel:

Erläuterung:

Beispiel:

Erläuterung:

Beispiel:

Aufgaben

Aufgabe 1
Tragen Sie zu den folgenden Fällen jeweils ein, welcher Aufgabenbereich der Volkswirtschaftslehre (VWL) angesprochen wird.

a	Ein Wirtschaftsforschungsinstitut veröffentlicht in seinem Jahresbericht unter anderem die Schätzung, dass sich das Preisniveau im nächsten Jahr um ca. 1,5 % erhöhen wird.	
b	In einer Talkshow begründet der Bundeswirtschaftsminister die sinkende Arbeitslosenquote im letzten Quartal mit der steigenden Nachfrage nach Investitionsgütern.	
c	In derselben Talkshow äußert der Bundeswirtschaftsminister, dass die Arbeitslosenquote aufgrund der vermutlich anhaltend guten Wirtschaftslage im nächsten Jahr niedrig bleiben wird.	
d	Ein angesehener Professor für Volkswirtschaftslehre empfiehlt dem Bundeswirtschaftsminister in derselben Talkshow, den Mehrwertsteuersatz im nächsten Jahr nicht zu erhöhen, damit die Binnennachfrage nicht sinkt.	
e	Während der Talkshow wird für die Zuschauer eine Grafik eingeblendet, die die Entwicklung der Arbeitslosenquote der letzten zehn Jahre darstellt.	

Aufgabe 2
Geben Sie für die folgenden Beispiele jeweils an, ob ein Bedürfnis, ein Bedarf oder eine Nachfrage vorliegt, und begründen Sie Ihre Zuordnung kurz.

a Torsten Klingenberg macht mit seinen Freunden einen Stadtbummel in Marburg. Als er Durst bekommt, merkt er, dass er kein Geld dabei hat. Er leiht sich deswegen ein paar Euro von seinem Freund Jörg Heuke, um sich einen Energydrink kaufen zu können.
b Jens Lübkemann steht vor einem Reisebüro in Wetzlar und sieht ein Angebot für eine Flugreise nach Rhodos. Da er sich gerade ein neues Auto gekauft hat, kann er sich in diesem Jahr leider keine Urlaubsreise leisten.
c Im selben Reisebüro sitzt gerade Tanja Nagel und bucht ihren alljährlichen Kurzurlaub auf der Nordseeinsel Sylt.
d Kirstin Reipke und Thomas Geffert stehen ebenfalls vor dem Reisebüro. Sie haben gerade spontan entschieden, dass sie die Jahresprämie, die Thomas Geffert von seinem Arbeitgeber erhalten hat, für einen Kurzurlaub in Hamburg ausgeben wollen.
e Auf einer Autofahrt von Wetzlar nach Limburg an der Lahn hält Jörg Möller an einer Tankstelle und betankt sein Auto.

Aufgabe 3
Ordnen Sie zu, welche Bedürfnisarten gemäß der Maslow'schen Bedürfnishierarchie durch folgende Güter vorrangig befriedigt werden.

Lebensversicherung	
Brot	
moderner Sportwagen	
Mitgliedschaft im Tennisverein	

Aufgabe 4
Kreuzen Sie in der folgenden Tabelle jeweils (wie im Beispiel) an, welche Güterarten vorliegen.

		Sachgut	immaterielles Gut	Konsumgut	Investitionsgut	Gebrauchsgut	Verbrauchsgut
a	Hobel in einem Tischlereibetrieb	X			X	X	
b	Milch im Kühlschrank der Familie Ewers						
c	Urlaubsreise von Tanja Nagel nach Sylt						
d	Espressotasse von Katja Ewers						
e	Benzin für das Firmenauto von Marc Sauerland						
f	Reparatur der Kreissäge in einem Tischlereibetrieb						

Aufgabe 5
Erläutern Sie an einem Beispiel, dass ein und dasselbe Gut sowohl als Produktionsgut als auch als Konsumgut verwendet werden kann.

Aufgabe 6
Begründen Sie, warum die Produktionsfaktoren Arbeit und Boden häufig als ursprüngliche Produktionsfaktoren und der Faktor Kapital als abgeleiteter Produktionsfaktor bezeichnet werden.

Aufgabe 7
Begründen Sie am Beispiel der Herstellung von Wein, dass bei der Produktion von Sachgütern in der Regel alle volkswirtschaftlichen Produktionsfaktoren in Kombination beteiligt sind.

Aufgabe 8
Die verschiedenen Formen der Arbeitsteilung haben ganz unterschiedliche Auswirkungen auf Unternehmen, Arbeitnehmer und sogar ganze Volkswirtschaften. Da diese Auswirkungen – je nach Perspektive – positiv oder negativ sein können, wird häufig über „Fluch und Segen" der Arbeitsteilung diskutiert. Tauschen Sie sich mit einem Mitschüler über die Auswirkungen der verschiedenen Formen der Arbeitsteilung aus und notieren Sie stichwortartig Vor- und Nachteile der

a innerbetrieblichen Arbeitsteilung,
b zwischenbetrieblichen Arbeitsteilung und
c internationalen Arbeitsteilung.

Aufgabe 9
Überlegen Sie, wann Sie in der Vergangenheit wirtschaftlich gehandelt haben. Erläutern Sie an diesem Beispiel das Spannungsverhältnis, das Wirtschaftssubjekte zum Wirtschaften bewegt.

Lernsituation 31

FK → TAF 11.4 | Kap. 3

Wirtschaftskreislauf

Situation

Im Rahmen des heutigen Treffens des Geschäftsführers der Fly Bike Werke GmbH, Hans Peters, mit den beiden Praktikanten Melanie Klein und Deniz Özal möchte Herr Peters das Thema „Wirtschaftskreislauf" vertiefen. Die beiden Praktikanten haben den nebenstehenden Auftrag von Herrn Peters inzwischen bearbeitet und die folgenden beiden Aufsätze verfasst.

Auftrag für Herrn Özal:
Beschreiben Sie in einem kurzen Aufsatz alle Wirtschaftsbeziehungen der Fly Bike Werke GmbH zu anderen Wirtschaftssubjekten, die Sie an den letzten beiden Praktikumstagen wahrgenommen haben.

Auftrag für Frau Klein:
Beschreiben Sie in einem kurzen Aufsatz alle Wirtschaftsbeziehungen, die die Mitglieder Ihrer Familie an den letzten beiden Tagen zu anderen Wirtschaftssubjekten hatten.

Text von Herrn Özal
Vorgestern verbrachte ich den Tag im Rechnungswesen. Bei der Überprüfung der Kontoauszüge konnte ich erkennen, dass die Kunden Velo AG in Zürich und Nordrad GmbH in Rostock ihre Rechnungen beglichen haben. Außerdem gab es einen Zahlungseingang von der Stadtverwaltung Koblenz für die Lieferung der 250 Fahrräder im letzten Monat. Eine Kontobelastung gab es für die Zinszahlung an die Landessparkasse Oldenburg. Danach habe ich Frau Taubert zugesehen, als sie die Überweisungen der Gewerbesteuer und der Mitarbeitergehälter fertig gemacht hat. Gestern habe ich am Vormittag Frau Nemitz-Müller aus der Einkaufsabteilung über die Schulter gesehen. Sie hat Lacke bei der Color GmbH in Ludwigshafen und Spezialfedergabeln bei der Shokk Ltd. in San Jose (Kalifornien) bestellt. Am Nachmittag hat mir die Controllerin Sabrina Steffes erläutert, wie die Anschaffung einer neuen Produktionsmaschine mit einem Bankdarlehen finanziert wird, das vor einigen Tagen auf dem Konto der Fly Bike Werke GmbH eingegangen ist.

Text von Frau Klein
Weil meine Mutter vorgestern Geburtstag hatte, habe ich ganz früh morgens Brötchen geholt, damit wir zusammen frühstücken konnten. Abends haben wir dann zusammen gefeiert. Mein Vater hat meiner Mutter einen Kurzurlaub in Venedig geschenkt. Die beiden haben sich sofort im Internet ein Hotel ausgesucht und direkt beim Hotel gebucht. Gestern bin ich nach meinem Praktikumstag noch mit meinem Bruder zur Bank gefahren, um Geld auf mein Sparkonto einzuzahlen. Mein Bruder hatte sein Sparbuch auch mit und hat seine Zinsen nachtragen lassen. Er hat sich total darüber aufgeregt, dass die so niedrig sind. Er ist zurzeit auch etwas knapp bei Kasse, da er vor ein paar Tagen einen Strafzettel bezahlen musste, weil er im Halteverbot geparkt hatte. Zum Glück hat er gestern seine alte DVD-Sammlung im Internet verkaufen können, an einen Käufer in Österreich. Da ich ja hoffentlich bald selber Geld verdiene, hat mir mein Vater abends noch seine Gehaltsabrechnung erklärt. Er arbeitet bei der Stadtverwaltung in Oldenburg.

Arbeitsaufträge

1 Tragen Sie die Wirtschaftssubjekte und die Wirtschaftsaktivitäten der Fly Bike Werke GmbH sowie der Familie Klein in den Wirtschaftskreislauf in Arbeitsblatt 31.1 ein. Beachten Sie, dass Sie nur Geldströme eintragen. Falls Güterströme beschrieben sind, tragen Sie den zugehörigen Geldstrom ein. Nennen Sie jene Wirtschaftsaktivitäten aus den Aufsätzen, die Sie nicht eintragen konnten. Begründen Sie, warum Sie diese Ströme nicht eintragen konnten.

2 Vervollständigen Sie den Wirtschaftskreislauf in Arbeitsblatt 31.1, indem Sie in die noch freien Felder typische Geldströme mit einer anderen Farbe (als in Arbeitsauftrag 1) eintragen.

Arbeitsblatt 31.1 | Erweiterter Wirtschaftskreislauf

Aufgaben

Aufgabe 1
Geben Sie für jede der folgenden Wirtschaftsaktivitäten an, für welche Beziehung im Wirtschaftskreislauf sie ein Beispiel ist. Tragen Sie hierzu jeweils die Lösungszahl des zutreffenden Beziehungspfeils hinter der beschriebenen Wirtschaftsaktivität ein. Beachten Sie dabei, dass jede Lösungszahl im Schaubild einen Geldstrom repräsentiert.

a	Ein landwirtschaftlicher Betrieb in der Rhön bekommt einen Landeszuschuss für die Erfüllung freiwilliger Naturschutzaufgaben.	
b	Ein Kunde aus den Niederlanden begleicht eine Rechnung der Fly Bike Werke GmbH.	
c	Bettina Lotto kauft sich von einem Teil ihrer Ausbildungsvergütung eine Pizza.	
d	Der Bürgermeister einer nordhessischen Kleinstadt erhält seinen neuen Dienstwagen von einem Autohaus in Gießen.	
e	Daniela Pieper ist Studentin in Marburg und erhält jeden Monat zur Unterstützung des Studiums 300,00 € im Rahmen des Bundesausbildungsförderungsgesetzes (BAföG).	
f	Die Phoneparts KG überweist monatlich die Miete für ein Ladenlokal in der Frankfurter Innenstadt an Astrid Seils, die Eigentümerin der Immobilie ist.	

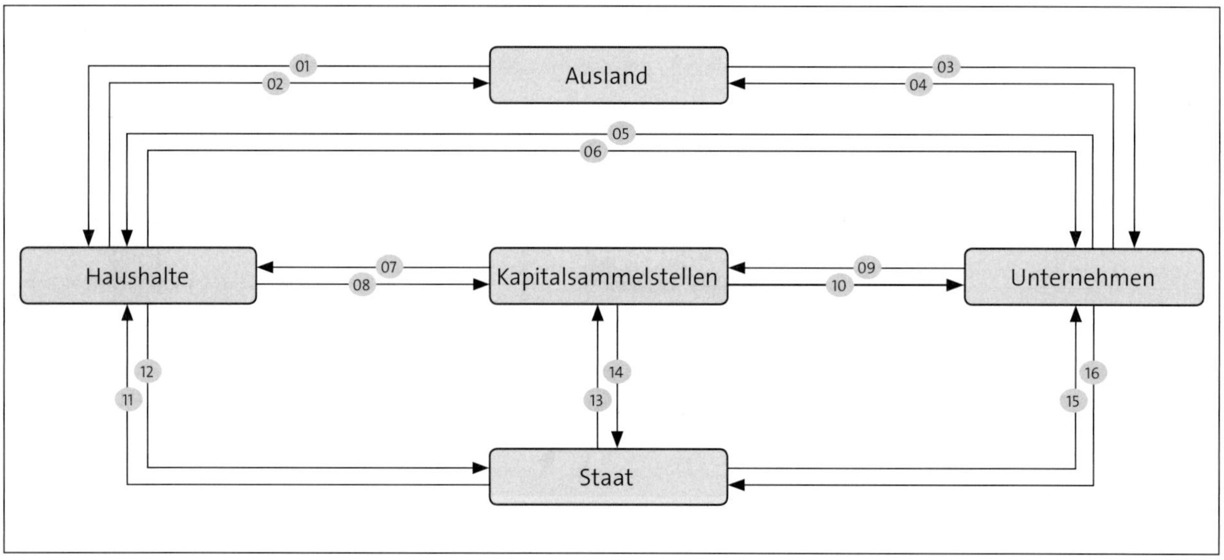

Aufgabe 2
Stellen Sie die folgenden ökonomische Aktivitäten grafisch als Kreislauf mit fünf Sektoren dar:

Ökonomische Aktivitäten	Geldeinheiten (GE)
Konsum der privaten Haushalte	700
Konsum des Staats	250
Einkommen aus unselbstständiger Arbeit der Staatsbediensteten	200
Einkommen aus unselbstständiger Arbeit sowie Einkommen aus Unternehmertätigkeit und Vermögen	1.000
Sparen der privaten Haushalte	200
Steuern der privaten Haushalte	300
Steuern der Unternehmen	150
Kreditaufnahme der Unternehmen für Investitionen	260
Zinszahlungen der Unternehmen	100
Importe der Unternehmen von Sachgütern, Dienstleistungen und Faktorleistungen	310
Exporte von Sachgütern, Dienstleistungen und Faktorleistungen	350

FK → TAF 11.4 | Kap. 4 und 5

Ökonomisches Prinzip und Konsumverhalten

Situation

Der Verwaltungsleiter der Fly Bike Werke GmbH, Christoph Steffes, hilft der Praktikantin Melanie Klein gerade bei der Erstellung einer Inventarliste. Plötzlich betritt der Geschäftsführer Hans Peters das Büro und eröffnet das folgende Gespräch.

Hans Peters: Guten Morgen, Herr Steffes. Sind Sie eigentlich bezüglich der Beschaffung der zehn neuen Bürostühle schon weitergekommen? Sie wissen ja, wir müssen für die alten Stühle langsam Ersatz besorgen.

Christoph Steffes: Guten Morgen, Herr Peters. Ja, klar! Ich habe letzte Woche nach unserem Gespräch gleich eine Liste mit allen Anforderungen erstellt, die die neuen Bürostühle erfüllen sollen. Dann bin ich mit unserem Sicherheitsbeauftragten, Herrn Exakt, die Liste durchgegangen. Er hat noch ein paar Aspekte ergänzt und mir dann ein konkretes Modell empfohlen, das ich bei mehreren Büromöbelhändlern angefragt habe. Es liegen schon einige Angebote vor. Der günstigste Lieferant liegt bei 450,00 € pro Stück.

Hans Peters: Ich habe zwischenzeitlich noch einmal mit unserem Controlling gesprochen. Wir sollten mit den zehn Bürostühlen ein Budget von 3.000,00 € nicht überschreiten. Sprechen Sie doch mit Herrn Exakt und klären Sie, welches Modell unter Berücksichtigung des Budgets möglichst viele Anforderungen von Ihrer Liste erfüllt.

Christoph Steffes: Das mache ich, Herr Peters. Ich melde mich bei Ihnen.

Herr Peters verlässt das Büro und Herr Steffes wendet sich mit folgenden Worten an Melanie Klein.

Christoph Steffes: So, Frau Klein, da haben Sie ja gerade ein ideales Beispiel dafür miterlebt, dass wirtschaftliches Handeln nach dem ökonomischen Prinzip nach zwei grundsätzlich verschiedenen Herangehensweisen funktionieren kann.

Arbeitsaufträge

1 Informieren Sie sich in der Fachkunde über die Prinzipien wirtschaftlichen Handelns.

2 Vervollständigen Sie mithilfe der Informationen aus der Fachkunde und der oben beschriebenen Situation das Arbeitsblatt 32.1.

3 Informieren Sie sich in Ihrer Fachkunde über weitere Einflussfaktoren auf das Konsumverhalten und vervollständigen Sie das Arbeitsblatt 32.2.

4 Beschreiben Sie eine Situation aus dem eigenen Leben, in der Sie rational gehandelt haben. Erläutern Sie, wie Sie das ökonomische Prinzip angewendet haben.

5 Beschreiben Sie eine Situation aus dem eigenen Leben, in der Sie nicht rational gehandelt haben. Begründen Sie dieses Verhalten.

Arbeitsblatt 32.1 | Ziele der Wirtschaftssubjekte und wirtschaftliches Handeln nach dem ökonomischen Prinzip

Ziele der Wirtschaftssubjekte

Ziel der privaten Haushalte:

Ziel der privaten Unternehmen:

Das wirtschaftliche Handeln zur Erreichung der Ziele erfolgt nach dem

ökonomischen Prinzip.

Das ökonomische Prinzip kann zwei Ausprägungen annehmen.

Allgemeine Erläuterung: *Mit vorhandenen Mitteln soll ein möglichst hoher Ertrag erzielt werden.*	Allgemeine Erläuterung:
Beispiel Fly Bike Werke GmbH:	Beispiel Fly Bike Werke GmbH:
Beispiel aus dem eigenen Privatleben:	Beispiel aus dem eigenen Privatleben:

Arbeitsblatt 32.2 | Erklärungsansätze des Konsumverhaltens

Rationales Handeln
Erläuterung:

beruht auf der Modellvorstellung des **Homo oeconomicus**.
Modellannahmen:

Nicht rationales Handeln
Erläuterung:

Psychologische Erklärungsansätze
Erläuterung:

Soziokulturelle Erklärungsansätze

Bezugsgruppenmodell	**Meinungsführermodell**
Erläuterung:	Erläuterung:

Arbeitsblatt 32.3 | Ökonomisches Prinzip

Entscheiden Sie für die folgenden Fälle, ob das Minimal- bzw. Maximalprinzip zur Anwendung kommt oder ob kein Handeln nach dem ökonomischen Prinzip vorliegt. Verbinden Sie die Fälle mit dem zutreffenden Begriff.

a) Ein Auszubildender betankt sein Auto immer mit 30 Litern Benzin und versucht, damit eine möglichst weite Strecke zu fahren.

b) Eine Mitarbeiterin der Stein KG soll 50 Aktenordner beschaffen. Auf Grundlage eines Preisvergleichs bestellt sie beim günstigsten Lieferanten.

Minimalprinzip

c) Ein Großhandelsunternehmen strebt mit maximalem Mitteleinsatz den größtmöglichen Erfolg an.

d) Eine Auszubildende beschafft für ihren Ausbildungsbetrieb 50 Briefmarken zu 0,90 € und bezahlt in der Postfiliale 45,00 €.

kein Handeln nach dem ökonomischen Prinzip

e) Ein Zahnarzt versorgt seine Patienten mit möglichst wenig Arbeitskräften.

f) Eine Schule versucht die zur Verfügung stehenden finanziellen Mittel so einzusetzen, dass optimale Lernbedingungen entstehen.

g) Ein Unternehmen versucht, die produzierten Güter möglichst teuer zu verkaufen.

Maximalprinzip

h) Ein Getränkehersteller versucht, mit möglichst wenig Arbeitskräften eine möglichst große Menge zu produzieren.

Aufgaben

Aufgabe 1
Sabrina Hübner möchte heute für ihre vierköpfige Familie den Wocheneinkauf erledigen.

a Beschreiben Sie, wie Frau Hübner vorgehen könnte, wenn sie wirtschaftlich handeln möchte und dabei das Minimalprinzip zur Anwendung kommen soll.
b Beschreiben Sie, wie Frau Hübner vorgehen könnte, wenn sie wirtschaftlich handeln möchte und dabei das Maximalprinzip zur Anwendung kommen soll.

Aufgabe 2
Die Wohnbau OHG in Kaiserslautern möchte in der nächsten Zeit verschiedene Marketingmaßnahmen durchführen, um Neukunden zu gewinnen.

a Beschreiben Sie, wie das Unternehmen in diesem Zusammenhang wirtschaftlich handeln könnte und dabei das Minimalprinzip zur Anwendung kommen soll.
b Beschreiben Sie, wie das Unternehmen in diesem Zusammenhang wirtschaftlich handeln könnte und dabei das Maximalprinzip zur Anwendung kommen soll.

Aufgabe 3
Michael Erker möchte sich für einen gemütlichen Fernsehabend noch eine Tüte Chips besorgen. Obwohl er weiß, dass seine Lieblingssorte im Geschäft neben seinem Wohnhaus 50 Cent teurer ist als beim 10 km entfernten Discountmarkt, kauft er die Chips im Geschäft nebenan. Entscheiden und begründen Sie, ob Herr Erker rational handelt.

Aufgabe 4
Stephan Kaiser geht gerade über den Wochenmarkt in Offenbach, um Gemüse für das Mittagessen einzukaufen. Da er nur noch 6,00 € dabei hat, muss er am Gemüsestand genau abwägen, welches Gemüse er kauft. Dabei berücksichtigt er auch die Preise der verschiedenen Gemüsesorten und die Bedarfsmenge seiner Familie. Folgende Möglichkeiten stehen ihm zur Verfügung:

Gemüsesorte	Preis	Bedarfsmenge
Möhren	3,00 € pro kg	750 g
Spargel	4,00 € pro ½ kg	1 kg
Brokkoli	3,00 € pro ½ kg	750 g
Bohnen	3,00 € pro kg	500 g
Rosenkohl	1,50 € pro 100 g	500 g

a Ermitteln Sie, welche Gemüsesorten angesichts seines Budgets überhaupt infrage kommen.
b Beschreiben Sie, wie Herr Kaiser unter den infrage kommenden Gemüsesorten eine Entscheidung treffen wird. Gehen Sie dabei auch auf den Begriff „Grenznutzen" ein.
c Begründen Sie, nach welcher Ausprägung des ökonomischen Prinzips Herr Kaiser beim Gemüsekauf vorgehen wird.

Aufgabe 5
Erläutern Sie, welche Bedeutung der Grenznutzen für die Kaufentscheidungen von privaten Haushalten hat.

Aufgabe 6
Das Konsumverhalten der Menschen entspricht in der Realität häufig nicht dem modellhaften rationalen Handeln im Sinne des Homo oeconomicus. Beschreiben Sie für jede der drei in der Fachkunde genannten Modellannahmen jeweils ein konkretes Beispiel einer Kaufhandlung, bei der die jeweilige Modellannahme nicht erfüllt ist.

Aufgabe 7
Erläutern Sie den Unterschied zwischen dem Bezugsgruppenmodell und dem Meinungsführermodell als soziokulturelle Erklärungsansätze für nicht rationales Konsumverhalten.

FK → TAF 11.4 | Kap. 6

Nachhaltiges Wirtschaften

Situation

In der Fly Bike Werke GmbH wurde eine Projektgruppe eingerichtet, die überprüfen soll, ob es im Unternehmen noch Verbesserungsmöglichkeiten im Sinne des „nachhaltigen Handelns" gibt. Beim ersten Projekttreffen kam zudem die Idee auf, neben dem betrieblichen Handeln auch Anregungen zu entwickeln, wie die Mitarbeiter des Unternehmens auch in ihrer Freizeit „nachhaltiger handeln" können. Im Laufe dieses Projekttreffens wurde aber auch klar, dass die Projektmitglieder vom Begriff „Nachhaltigkeit" ganz unterschiedliche Auffassungen haben. Die Praktikantin Melanie Klein, die an den Projekttreffen teilnehmen darf, hat daraufhin eine Internetrecherche durchgeführt, die unter anderem folgende Ergebnisse geliefert hat.

Was bedeutet Nachhaltigkeit konkret?
Der von der deutschen Bundesregierung berufene „Rat für Nachhaltige Entwicklung" fasst die Grundideen des Nachhaltigkeitskonzeptes mit den Worten zusammen: „Nachhaltige Entwicklung heißt, Umweltgesichtspunkte gleichberechtigt mit sozialen und wirtschaftlichen Gesichtspunkten zu berücksichtigen. Zukunftsfähig wirtschaften bedeutet also: Wir müssen unseren Kindern und Enkelkindern ein intaktes ökologisches, soziales und ökonomisches Gefüge hinterlassen. Das eine ist ohne das andere nicht zu haben."

Die Geschichte der Nachhaltigkeit
Die Wurzeln der Nachhaltigkeit liegen in der Forstwirtschaft. Im 18. Jahrhundert formulierte Hans Carl von Carlowitz, Oberberghauptmann am kursächsischen Hof in Freiberg als Erster verschiedene Grundsätze, um dauerhaft ausreichende Mengen an Holz für den Bau von Silberminen zur Verfügung zu haben. Es sollte gewährleistet werden, dass nicht mehr Bäume geschlagen würden, als auch wieder nachwachsen können.

Wissenschaftliche „Meilensteine" der Nachhaltigkeit
Den Beginn der wissenschaftlichen Auseinandersetzung mit dem Thema „nachhaltige Entwicklung" markiert die Studie zu den „Grenzen des Wachstums". Dieser erste Bericht an den "Club of Rome" mahnt eine neue „Weltkonjunkturpolitik" an. Eine zentrale Annahme des Berichtes ist die Chance der Menschheit „durch ein auf die Zukunft bezogenes gemeinsames Handeln aller Nationen die Lebensqualität zu erhalten und eine Gesellschaft im weltweiten Gleichgewicht zu schaffen, die Bestand für Generationen hat" (Die Grenzen des Wachstums, 1972).

Der Begriff wurde des Weiteren im Zusammenhang mit dem „Brundtland-Report" geprägt. Dieser sprach von einem „dauerhaften Gleichgewichtszustand", der „den Bedürfnissen der heutigen Generation" entsprechen soll, „ohne die Möglichkeiten künftiger Generationen zu gefährden".

Quelle: www.nachhaltigkeit.info/artikel/nachhaltigkeit_1398.htm, entnommen am 14.02.2017

Arbeitsaufträge

1 Diskutieren Sie in Gruppen über Möglichkeiten, wie ein Unternehmen wie die Fly Bike Werke GmbH nachhaltig wirtschaften kann. Entwickeln Sie Ideen für ökologisches und soziales Handeln im Unternehmen und denken Sie dabei an alle Unternehmensbereiche (Einkauf/Logistik, Produktion, Verwaltung, Vertrieb). Sammeln Sie Ihre Ideen in Arbeitsblatt 33.1.

2 Diskutieren Sie in Gruppen über Möglichkeiten, wie Sie als Privatpersonen nachhaltig leben können. Entwickeln Sie Ideen für ökologisches und soziales Handeln als Privatpersonen und denken Sie dabei an alle Lebensbereiche (Schule, Familie, Freundeskreis, Fortbewegung, Konsum, Freizeit usw.). Sammeln Sie Ihre Ideen in Arbeitsblatt 33.2.

Arbeitsblatt 33.1 | Nachhaltiges Handeln im Unternehmen

Nachhaltiges Handeln im Unternehmen

Ideen für ökologisches Handeln:	Ideen für soziales Handeln:

Arbeitsblatt 33.2 | Nachhaltiges Handeln als Privatperson

Nachhaltiges Handeln als Privatperson

Ideen für ökologisches Handeln:

Ideen für soziales Handeln:

Aufgaben

Aufgabe 1
In den letzten Jahren hat nachhaltiges Handeln insbesondere durch die negativen Auswirkungen der Klimaerwärmung an Bedeutung gewonnen.

a Recherchieren Sie, welche Ursachen für die Klimaerwärmung verantwortlich gemacht werden, und erstellen Sie eine Liste dieser Ursachen.
b Recherchieren Sie, welche negativen Auswirkungen durch die Klimaerwärmung entstanden sind und erwartet werden. Erstellen Sie hierzu ebenfalls eine Liste.

Aufgabe 2
Zur Veranschaulichung der Tatsache, dass die Weltbevölkerung die Umwelt derzeit zu stark belastet, wird häufig das Konzept des „ökologischen Fußabdrucks" verwendet. In diesem Zusammenhang werden oft die folgenden vier Bereiche als Hauptursachen der Umweltbelastung angesehen:

- Abbau natürlicher Ressourcen
- Energieverbrauch
- Schadstoffemissionen
- Müllerzeugung

a Recherchieren und erläutern Sie, was man unter dem ökologischen Fußabdruck versteht.
b Nennen Sie zu jeder der genannten Hauptursachen der Umweltbelastung je zwei Maßnahmen, mit denen Unternehmen umweltbewusster agieren können.
c Nennen Sie zu jeder der genannten Hauptursachen der Umweltbelastung je zwei Maßnahmen, mit denen Sie umweltbewusster agieren können.

Aufgabe 3
Geben Sie für jede der folgenden Maßnahmen an, ob die Umwelt

1 geschont,
2 belastet oder
3 nicht beeinflusst wird.

a	Ein Drogeriemarkt verlangt seit Beginn des Jahres für Tragetaschen aus Kunststoff eine Umweltabgabe von 1,00 €.	
b	Ein Lebensmittelmarkt bietet seit Beginn des Jahres nur noch Tragetaschen aus Kunststoff an. Die teureren Tragetaschen aus Baumwolle wurden aus dem Sortiment genommen.	
c	Katja Ewers hat bisher alle zwei Jahre ein neues Smartphone für die Verlängerung ihres Mobilfunkvertrags bekommen. Sie wechselt den Mobilfunkanbieter, da sie bei dem neuen Anbieter jetzt jedes Jahr ein neues Smartphone erhält.	
d	In einem Lebensmittelmarkt werden keine Joghurts in Pfandgläsern mehr angeboten.	
e	Melanie Naruhn kauft für ihren dreijährigen Sohn immer häufiger gebrauchte Kleidung bei Online-Auktionen statt Neuware im Ladengeschäft.	
f	Der neue Geschäftsführer in einem Industriebetrieb lässt sich alle E-Mails von seiner Assistentin ausdrucken, da er sie lieber auf Papier liest.	
g	In einem Lebensmittelmarkt wird seit diesem Jahr mehr Gemüse und Obst aus der Region angeboten.	
h	In der Verwaltungsabteilung eines Großhandelsunternehmens werden die Einzelplatzdrucker durch einen Netzwerkdrucker in einem separaten Raum ersetzt.	

Aufgabe 4
Der Staat ergreift im Rahmen seiner Umweltpolitik Maßnahmen zur Förderung nachhaltigen Handelns. Recherchieren Sie und beschreiben Sie drei solche Maßnahmen.

Lernsituation 34

FK → TAF 11.4 | Kap. 7

Wirtschaftsordnung

Situation

Wie an jedem ersten Freitag im Monat findet auch heute wieder das monatliche Treffen der beiden Praktikanten mit dem Geschäftsführer der Fly Bike Werke GmbH, Hans Peters, statt. Die beiden Praktikanten heben gerade wieder kurz über die vergangenen Wochen berichtet und nun eröffnet Herr Peters das Hauptthema des heutigen Treffens, indem er folgende Folie auf die Leinwand projiziert.

Freie Marktwirtschaft

„Wenn jeder an sich selbst denkt, ist an alles gedacht!“

Adam Smith, 1723–1790

Soziale Marktwirtschaft

„ Sinn der Sozialen Marktwirtschaft ist es, das Prinzip der Freiheit auf dem Markte mit dem des sozialen Ausgleichs zu verbinden.“

Alfred Müller-Armack, 1901–1978

Nachdem sich die beiden Praktikanten die Zitate einige Zeit angesehen haben, fragt Herr Peters, ob sie den Unterschied zwischen freier und sozialer Marktwirtschaft erklären könnten. Als Melanie Klein daraufhin mit den Achseln zuckt und Deniz Özal meint, dass er dachte, dass es dasselbe sei, verteilt Herr Peters die folgenden Arbeitsaufträge an die beiden Praktikanten.

Arbeitsaufträge

1 Stellen Sie im Arbeitsblatt 34.1 die Gemeinsamkeiten und Unterschiede der freien Marktwirtschaft und der sozialen Marktwirtschaft gegenüber.
2 Erläutern Sie, inwieweit die soziale Marktwirtschaft eine Weiterentwicklung des Modells der freien Marktwirtschaft ist.
3 Beschreiben und begründen Sie anhand von Beispielen, dass in der sozialen Marktwirtschaft folgende Elemente der freien Marktwirtschaft teilweise eingeschränkt sind:
- Privateigentum an Produktionsmitteln
- freie Preisbildung
- Konsumfreiheit
- Gewerbefreiheit
- freier Wettbewerb

4 Beschreiben Sie anhand von drei Beispielen, wie der Staat im Rahmen der Sozialpolitik die Marktwirtschaft sozial ausgestaltet.
5 Erläutern Sie in Arbeitsblatt 34.2 stichwortartig die Grundprinzipien und Funktionsprobleme der sozialen Marktwirtschaft.

Arbeitsblatt 34.1 | Freie Marktwirtschaft – soziale Marktwirtschaft

Freie Marktwirtschaft = modellhafte Wirtschaftsordnung	**Soziale** Marktwirtschaft = reale Wirtschaftsordnung (z. B. in Deutschland)
Rolle des Staates:	Rolle des Staates:

gemeinsame Merkmale:	zusätzliche Merkmale:

Arbeitsblatt 34.2 | Grundprinzipien und Funktionsprobleme der sozialen Marktwirtschaft

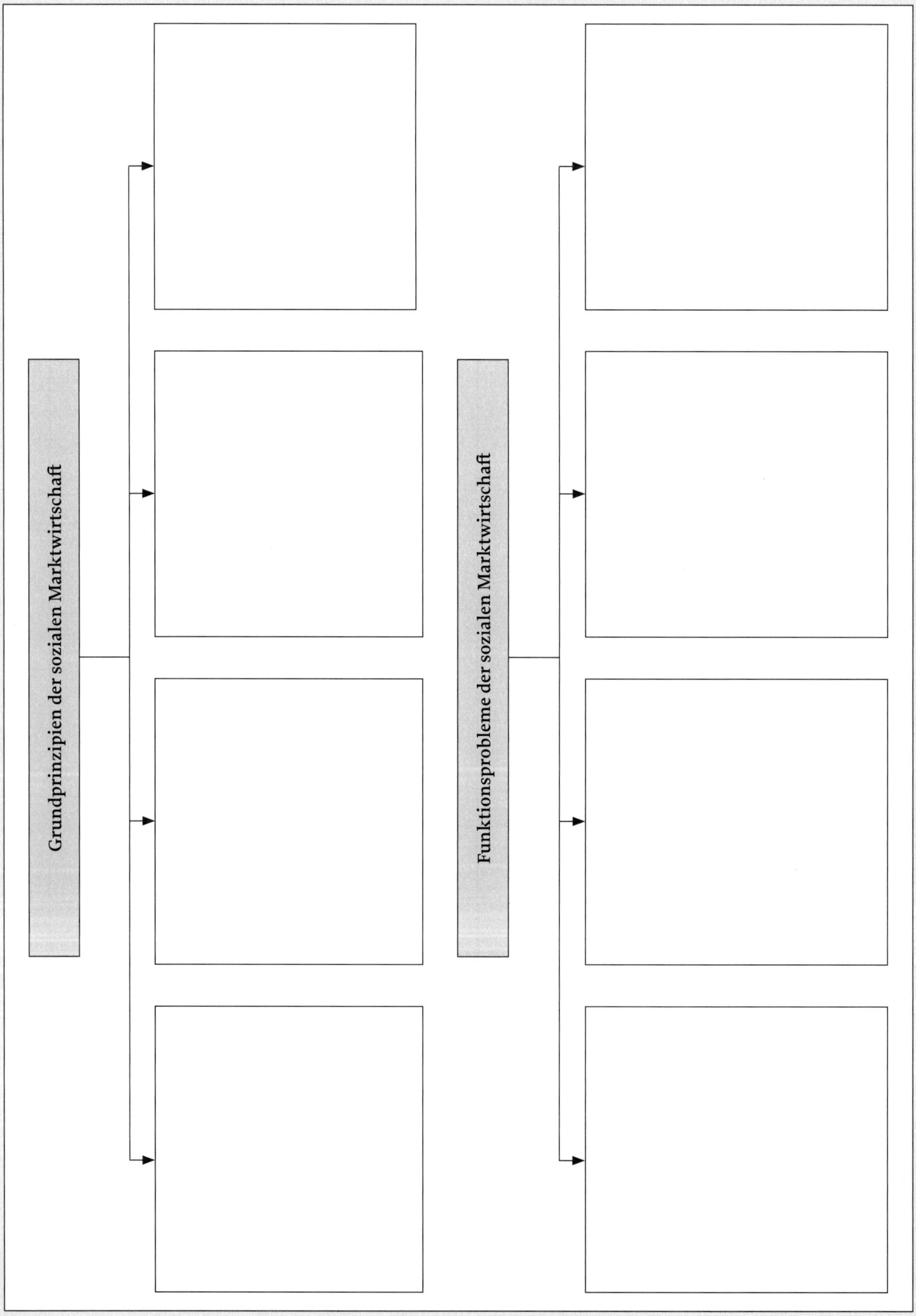

Aufgaben

Aufgabe 1
Definieren Sie den Begriff „Wirtschaftsordnung“ und stellen Sie dar, welche grundlegenden Aufgaben eine Wirtschaftsordnung hat.

Aufgabe 2
In der ehemaligen Deutschen Demokratischen Republik (DDR) existierte auf Grundlage der Wirtschaftsordnung der Zentralverwaltungswirtschaft eine sozialistische Planwirtschaft. Informieren Sie sich über diese Wirtschaftsordnung und bearbeiten Sie anschließend die folgenden Teilaufgaben.

a Vergleichen Sie die Zentralverwaltungswirtschaft mit der sozialen Marktwirtschaft und stellen Sie die Unterschiede anhand der vorgegebenen Leitfragen in der folgenden Tabelle dar.

b Begründen Sie, warum die soziale Marktwirtschaft häufig als Kompromiss zwischen der freien Marktwirtschaft und der Zentralverwaltungswirtschaft gesehen wird.

Aufgabe 3
„Eigennutz erzeugt Gemeinnutz!“

a Begründen Sie, welcher Wirtschaftsordnung Sie diese These zuordnen würden.
b Beschreiben Sie Beispiele aus der Wirtschaft, die diese These bestätigen.
c Beschreiben Sie Beispiele aus der Wirtschaft, die diese These widerlegen.

	Soziale Marktwirtschaft	Zentralverwaltungswirtschaft
Wer sind die wichtigsten Vertreter bzw. Begründer dieser Wirtschaftsordnung?		
Wer hat das Eigentum an den Produktionsmitteln?		
Wie wird das Koordinationsproblem der Güterproduktion gelöst?		
Wie erfolgt die Preisbildung der Güter?		
Existiert Gewerbefreiheit?		
Welches zentrale wirtschaftliche Ziel verfolgen die Unternehmen?		

Lernsituation 35

FK → TAF 11.4 | Kap. 8

Preisbildung auf Märkten

Situation

In der Fly Bike Werke GmbH werden zurzeit Überlegungen zur zukünftigen Sortimentsgestaltung angestellt. Die Vertriebsleiterin, Frau Gerland, hatte vor einigen Wochen in einem Meeting mit dem Geschäftsführer Hans Peters die Idee, zukünftig auch E-Bikes anzubieten. Da Herr Peters von dieser Idee angetan war, hat er Frau Gerland angewiesen, eine Marktforschungsstudie in Auftrag zu geben, damit erste Beurteilungen zur Wirtschaftlichkeit des Neuprodukts anhand der Marktsituation vorgenommen werden können. Frau Gerland hat daraufhin die Werbeagentur BE Partners KG in Bonn mit der Marktforschungsstudie beauftragt und soeben folgende Zusammenfassung der Ergebnisse erhalten:

BE Partners KG

be

Zusammenfassung der Marktforschungsergebnisse

Kundennummer: 20013
Kunde: Fly Bike Werke GmbH
Auftragsnummer: 20X8769
Betreff: Marktprognose „E-Bike Standardausführung, Einsteigermodell, Aluminiumrahmen, Mittelmotor, hydraulische Felgenbremsen, Akku mit GS-Siegel, Minimum 100 km Reichweite“
Ansprechpartnerin: Tina Welkenbach

1. Erkenntnisse aus unserer Konsumentenbefragung
Die Befragung von 500 Endverbrauchern wurde durchgeführt. Die Antworten auf die Frage „Welchen Preis würden Sie für ein E-Bike der Marke Fly Bike in Standardausführung mit Aluminiumrahmen, Mittelmotor, hydraulischen Felgenbremsen, Akku mit GS-Siegel und einer Mindestreichweite von 100 km maximal bezahlen?“ wurden ausgewertet. Hochgerechnet auf den Gesamtmarkt werden folgende Nachfragemengen in Abhängigkeit vom Preis prognostiziert:

Preis in €	400,00	600,00	800,00	1.000,00	1.200,00	1.400,00
gesamte Nachfragemenge in Stück	3 500	3 100	2 700	2 300	1 900	1 500

2. Erkenntnisse aus der Befragung der Fahrradhändler
Alle Handelspartner der Fly Bike Werke GmbH wurden befragt, welche Mengen des E-Bikes sie bei alternativen Preisen anbieten würden. Wie erwartet, werden sie umso mehr Platzkapazitäten in ihren Verkaufsräumen für das Neuprodukt bereitstellen, je höher der erzielbare Preis (und damit ihr Gewinn) ist. Konkret ist mit folgenden Angebotsmengen zu rechnen:

Preis in €	400,00	600,00	800,00	1.000,00	1.200,00	1.400,00
gesamte Angebotsmenge in Stück	500	1 100	1 700	2 300	2 900	3 500

Arbeitsaufträge

1 Stellen Sie die Marktsituation grafisch dar, indem Sie die Nachfrage- und Angebotsfunktion in das folgende Koordinatensystem einzeichnen.

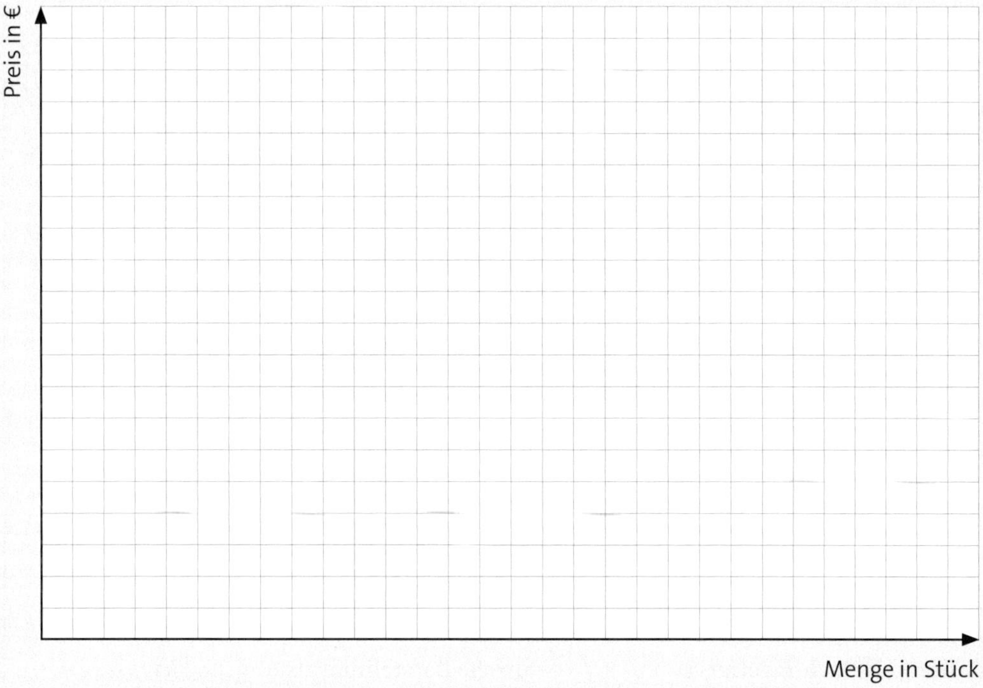

2 Ermitteln Sie anhand der Grafik den Gleichgewichtspreis und die Gleichgewichtsmenge.

3 Beschreiben Sie die Marktsituation und die zu erwartende Reaktion der Fahrradhändler, wenn das E-Bike zunächst zu einem Preis von 600,00 € angeboten werden würde.

4 Beschreiben Sie die Marktsituation und die zu erwartende Reaktion der Fahrradhändler, wenn das E-Bike zunächst zu einem Preis von 1.200,00 € angeboten werden würde.

5 Ermitteln Sie den Preis, bei dem der höchste Umsatz erzielt wird.

6 Geben Sie an, wie viele Fahrräder bei folgenden Preisen abgesetzt werden:

a 600,00 €

b 1.200,00 €

7 Aufgrund des Trends zur E-Mobilität verändert sich im Laufe der Zeit die Preisbereitschaft der Kunden. Ein Jahr nach der ersten Marktforschungsstudie erstellt die BE Partners KG auf Grundlage einer neuen Konsumentenbefragung folgende Marktprognose.

Preis in €	400,00	600,00	800,00	1.000,00	1.200,00	1.400,00
gesamte Nachfragemenge in Stück	4000	3600	3200	2800	2400	2000

Stellen Sie die neue Nachfragekurve im obigen Koordinatensystem in einer anderen Farbe dar und beschreiben Sie, wie sich die Marktsituation verändert hat. Unterstellen Sie dabei, dass sich das Anbieterverhalten nicht verändert hat.

Arbeitsblatt 35.1 | Verhalten von Nachfragern und Anbietern

Vervollständigen Sie das folgende Schaubild mit passenden Erläuterungen, Grafiken und Stichpunkten.

Der Markt koordiniert die Interessen von

Nachfragern

Die gesamte Nachfragemenge auf einem Markt ist vor allem abhängig vom Preis des betrachteten Gutes.

Gesetz der Nachfrage:

Grafische Darstellung als Nachfragekurve:

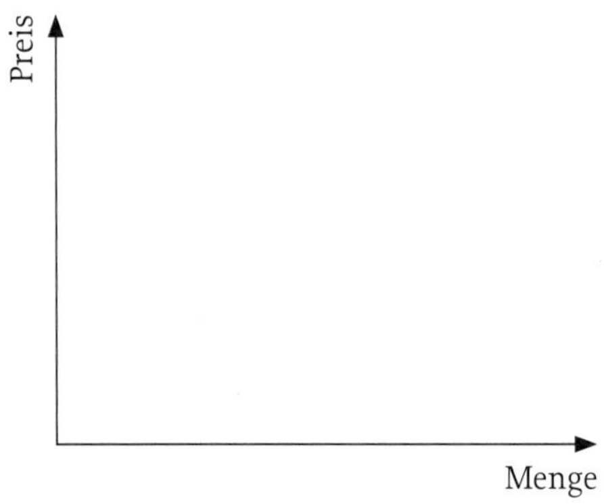

Weitere Bestimmungsfaktoren der Nachfragemenge:

Anbietern

Die gesamte Angebotsmenge auf einem Markt ist ebenfalls abhängig vom erzielbaren Preis des betrachteten Gutes.

Gesetz des Angebots:

Grafische Darstellung als Angebotskurve:

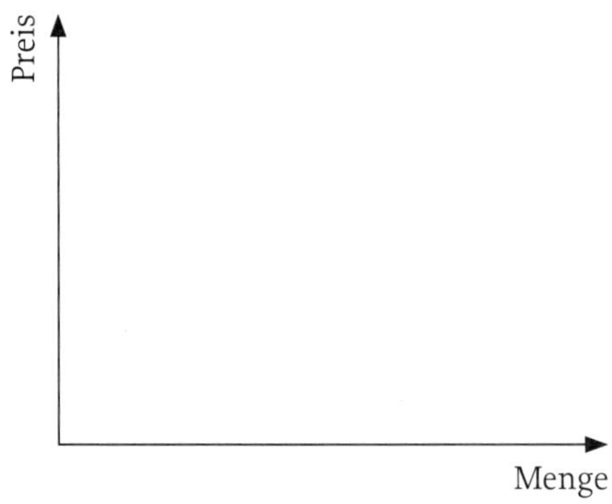

Weitere Bestimmungsfaktoren der Angebotsmenge:

Arbeitsblatt 35.2 | Preisbildung im Modell des vollkommenen Marktes

Ordnen Sie die folgenden Begriffe richtig ein.

das Angebot – die Nachfrage – vollkommenen Marktes – Angebotsüberhang – Gleichgewichtspreis – Nachfragekurve – Preismechanismus – Angebotslücke – sinken – Nachfrage – Marktgleichgewicht – steigen – Angebotskurve – Gleichgewichtspreises – die Nachfrage – das Angebot – Nachfrageüberhang – Gleichgewichtspreises – Nachfragelücke – Gleichgewichtsmenge – Angebot

im Beispiel: Situation bei einem Preis von 5,00 €

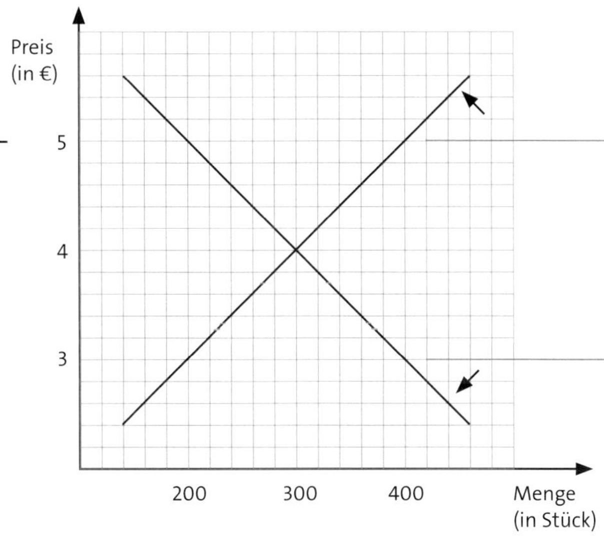

im Beispiel: Situation bei einem Preis von 3,00 €

Bei einem Preis oberhalb des ____________

____________ liegt ein ____________

____________ vor. Man spricht auch von

einer ____________,

da ____________

kleiner ist als ____________.

Aus diesem Grund wird der Preis ____________.

Bei einem Preis oberhalb des ____________

____________ liegt ein ____________

____________ vor. Man spricht auch von

einer ____________,

da ____________

kleiner ist als ____________.

Aus diesem Grund wird der Preis ____________.

____

Im Modell des ____________ sind ____________ und ____________ auf Märkten langfristig immer im Gleichgewicht. Der ____________ führt dazu, dass letztlich die ____________ zum ____________ umgesetzt wird.

Arbeitsblatt 35.3 | Modell des vollkommenen Marktes in der Realität

Tragen Sie in die linke Spalte die Bedingungen des Modells des vollkommenen Marktes inklusive einer kurzen Erläuterung ein. Tragen Sie rechts daneben jeweils konkrete Beispiele von realen Marktsituationen ein, in denen die jeweilige Modellbedingung nicht erfüllt ist.

Modell des vollkommenen Marktes

Bedingungen in der Theorie	Abweichungen in der Realität
1.	
2.	
3.	
4.	Viele Autofahrer bevorzugen Tankstellen, die „auf dem Weg" liegen, und nehmen keine Umwege für einen günstigeren Preis in Kauf. Sie haben somit räumliche Präferenzen.
5.	

Arbeitsblatt 35.4 | Marktformen

Nennen Sie die jeweilige Marktform und geben Sie jeweils ein eigenes Beispiel an, indem Sie die Anbieter und Nachfrager nennen.

	ein Nachfrager	**wenige Nachfrager**	**viele Nachfrager**
ein Anbieter	Marktform: zweiseitiges Monopol Beispiel: – Anbieter: ein Hersteller von abhörsicheren Mobiltelefonen – Nachfrager: Staat	**Marktform:** Beispiel: – Anbieter: – Nachfrager:	**Marktform:** Beispiel: – Anbieter: – Nachfrager:
wenige Anbieter	**Marktform:** Beispiel: – Anbieter: – Nachfrager:	**Marktform:** Beispiel: – Anbieter: – Nachfrager:	**Marktform:** Beispiel: – Anbieter: – Nachfrager:
viele Anbieter	**Marktform:** Beispiel: – Anbieter: – Nachfrager:	**Marktform:** Beispiel: – Anbieter: – Nachfrager:	**Marktform:** Beispiel: – Anbieter: – Nachfrager:

Aufgaben

Aufgabe 1

Im niederländischen Rotterdam wird Rohöl auf einer Warenbörse gehandelt. Interessierte Käufer und Verkäufer geben zu bestimmten Terminen ihre verschiedenen Preisvorstellungen ab. Für den nächsten Versteigerungstermin liegen die folgenden Kauf- und Verkaufsaufträge vor:

einzelne Kaufaufträge		
Käufer	gewünschte Nachfragemenge (in Barrel)	maximale Preisobergrenze (in US-$ pro Barrel)
A	300	122
B	50	123
C	100	124
D	50	125
E	150	126
F	200	127
G	100	128

einzelne Verkaufaufträge		
Verkäufer	gewünschte Angebotsmenge (in Barrel)	minimale Preisuntergrenze (in US-$ pro Barrel)
H	150	128
I	50	127
J	150	126
K	50	125
L	150	124
M	50	123
N	50	122

a Vervollständigen Sie die folgende Tabelle mit den Gesamtnachfrage- und Gesamtangebotsmengen. Berücksichtigen Sie, dass ein Käufer zu einem niedrigeren Preis als seinem Maximalpreis natürlich auch kaufen würde. Ebenso würde ein Verkäufer immer auch zu einem höheren Preis verkaufen.

gesamte Nachfragemenge	Preis (in US-$ pro Barrel)	gesamte Angebotsmenge
	122	
	123	
	124	
	125	
	126	
	127	
	128	

b Zeichnen Sie die Nachfrage- und Angebotskurve in ein Koordinatensystem ein.

c Ermitteln Sie

- **ca** den Gleichgewichtspreis,
- **cb** die Gleichgewichtsmenge,
- **cc** den Absatz und
- **cd** den Umsatz.

d Erläutern Sie die Konsequenzen aus dieser Preisermittlung

- **da** für Käufer B,
- **db** für Käufer F,
- **dc** für Verkäufer I und
- **dd** für Verkäufer L.

Aufgabe 2
Begründen Sie, warum der Markt als Koordinationszentrum von Nachfrage und Angebot der zentrale Lenkungsmechanismus für die wirtschaftlichen Aktivitäten der Unternehmen ist.

Aufgabe 3
Auf einem regionalen Markt für Bio-Süßkartoffeln liegen folgende Informationen zum Nachfrageverhalten vor:

Preis in € pro kg	2,00	4,00	6,00	8,00	10,00	12,00
gesamte Nachfragemenge in kg	800	650	500	350	200	50

a Stellen Sie die Nachfragesituation durch die Nachfragekurve dar.

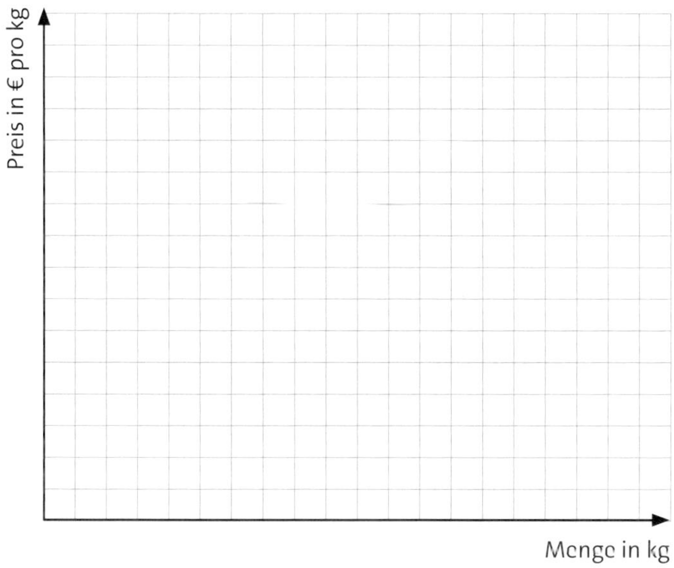

b Beurteilen Sie, ob folgende Ereignisse eine Verschiebung dieser Nachfragekurve nach links oder rechts bewirken.

ba Ein Verbrauchermagazin hat aufgedeckt, dass in Deutschland in großem Stil Bio-Süßkartoffeln angeboten werden, in denen eine hohe Konzentration chemischer Düngemittel gemessen wurde.

bb Durch eine Reform der Einkommenssteuer zugunsten der Steuerzahler steigen die Haushaltseinkommen in Deutschland.

bc In Deutschland ist ein weiterhin stark zunehmender Trend zu Bio-Lebensmitteln zu verzeichnen.

bd Die Produktionskosten der Landwirte, die Bio-Süßkartoffeln anbauen, steigen aufgrund des schlechten Wetters in diesem Jahr stark an.

Aufgabe 4
Geben Sie für die beschriebenen Märkte jeweils an, welche Marktform vorliegt.

a	Inzwischen gibt es in Deutschland viele Energieversorgungsunternehmen.	
b	In Ostwestfalen gibt es nur zwei Zuckerfabriken, die die Zuckerrüben der vielen Landwirte verarbeiten.	

Aufgabe 5
Begründen Sie anhand der folgenden Beispiele, welche Bedingung(en) des vollkommenen Marktes jeweils nicht erfüllt ist/sind.

a In der nordrhein-westfälischen Kleinstadt Porta Westfalica bietet die Bäckerei Daniel ihr normales Brötchen für 0,39 € an, obwohl die Konkurrenz deutlich günstigere Preise hat. Da die Bäckerei Daniel aber dafür bekannt ist, den Teig vor Ort aus hochwertigen Zutaten selbst herzustellen, erfreut sie sich einer großen Nachfrage.
b In dem kleinen nordrhein-westfälischen Dorf Uffeln gibt es nur noch die Dorfbäckerei Korte. Da die nächstgelegene Stadt Vlotho ca. 6 km entfernt ist, hat die Bäckerei Korte noch immer eine große Stammkundschaft, obwohl die Backwaren dort teurer sind als bei den Bäckern in der Stadt Vlotho.
c Die Bäckerei Hänschen in Bad Oeynhausen hat die attraktive Bäckereifachverkäuferin Iris Renner eingestellt. Obwohl die Backwaren dort als überteuert gelten, kauft ein großer Teil der männlichen Bevölkerung von Bad Oeynhausen inzwischen wieder in der Bäckerei Hänschen ein.
d Die Tankstelle Hofmann in Bad Oeynhausen verkauft besonders viele Backwaren in den Abendstunden, obwohl die Preise hier deutlich höher sind als bei den örtlichen Bäckern.
e Auch die drei Tankstellen an der großen Durchfahrtsstraße von Bad Oeynhausen verdienen trotz hoher Preise relativ viel Geld mit Backwaren. Sie profitieren von den vielen Geschäftsreisenden, die den Tankstopp mit einem kleinen Imbiss verbinden.
f Das Seniorenehepaar Lieselotte und Karl-Heinz zur Heide wohnt in der Innenstadt von Bad Oeynhausen. Sie kaufen ihre Backwaren aus Gewohnheit beim relativ teuren Bäcker Schmoland. Die Angebote der anderen Innenstadtbäcker – insbesondere deren Preise – sind ihnen gar nicht bekannt.

Aufgabe 6
Erläutern Sie den Unterschied zwischen einem vollkommenen Polypol und einem unvollkommenen Polypol.

Aufgabe 7
Begründen Sie, warum Anbieter Interesse daran haben, dass polypolistische Märkte unvollkommen sind, und beschreiben Sie anhand von zwei Beispielen, wie Anbieter für diese Unvollkommenheit sorgen.

Aufgabe 8
Begründen Sie, warum die Preisabsatzfunktion eines Anbieters in einem unvollkommenen Polypol „doppelt geknickt“ ist.

Aufgabe 9
Erläutern Sie den Unterschied zwischen einem unvollkommenen Polypol und einem unvollkommenen Oligopol. Was bedeutet dieser Unterschied für die Anbieter in oligopolistischen Märkten?

Aufgabe 10
Beschreiben Sie zu den vier in der Fachkunde genannten Möglichkeiten der Preisdifferenzierung in einem unvollkommenen Monopol jeweils ein reales Beispiel.

Aufgabe 11
Erläutern Sie, warum der Preisbildungsmechanismus nicht bei allen Gütern funktioniert.

Aufgabe 12
Erläutern Sie, was „Marktversagen“ bedeutet.

FK → TAF 11.4 | Kap. 9 und 10

Unternehmenszusammenschlüsse und Wettbewerbspolitik

Situation

In der Fly Bike Werke GmbH findet gerade die alljährliche Strategiesitzung des Geschäftsführers Hans Peters mit den beiden Gesellschaftern Jan Ullmann und Björn Ries statt. Zum Tagesordnungspunkt „Aufrechterhaltung der Wettbewerbsfähigkeit“ eröffnet Hans Peters folgendes Gespräch.

Hans Peters: Im Zuge der Globalisierung hat sich der Wettbewerbsdruck auf dem Fahrradmarkt im letzten Jahr zunehmend erhöht. Weitere Hersteller haben fusioniert und den Preisdruck weiter vorangetrieben. Als kleiner Wettbewerber haben wir inzwischen deutliche Nachteile im Bereich der Produktivität. Wir fertigen im Vergleich zu vielen Mitbewerbern immer noch mit einem sehr geringen Automatisierungsgrad, was uns natürlich angesichts der Lohnkosten in Deutschland Kostennachteile verursacht.

Björn Ries: Dazu kommt noch die Herausforderung bezüglich der E-Bikes. Wenn wir auf diesem Zukunftsmarkt erfolgreich seien wollen, müssen wir bald erhebliche Investitionen im Bereich der Forschung und Entwicklung auf den Weg bringen.

Jan Ullmann: Aktuell sehen unsere Zahlen ja noch ganz gut aus. Ich denke, dass wir nach wie vor von unserem sehr guten Qualitätsimage profitieren. Aber damit wir auch in Zukunft am Markt erfolgreich sind, sollten wir zumindest ernsthaft über mögliche Zusammenschlüsse mit anderen Unternehmen nachdenken, nicht zuletzt, um Synergieeffekte zu erzielen.

Arbeitsaufträge

1 Ein zentraler Begriff im dargestellten Gespräch ist „Wettbewerb“. Informieren Sie sich in der Fachkunde über die Aufgaben und Funktionen des Wettbewerbs in der sozialen Marktwirtschaft und fassen Sie diese in Arbeitsblatt 36.1 stichwortartig zusammen.

2 Jan Ullmann stellt in dem Gespräch erste Überlegungen für die Fly Bike Werke GmbH an, sich mit anderen Unternehmen zusammenzuschließen. Stellen Sie diese grundsätzlichen Möglichkeiten zunächst in Arbeitsblatt 36.2 stichwortartig zusammen. Schlagen Sie dann konkrete Möglichkeiten vor, mit welchen Arten von Unternehmen sich die Fly Bike Werke GmbH in welcher Form zusammenschließen könnte.

3 Fassen Sie in Arbeitsblatt 36.3 stichwortartig die Vor- und Nachteile von Unternehmenszusammenschlüssen zusammen.

4 Beschreiben Sie in Arbeitsblatt 36.4 die Ziele der Wettbewerbspolitik und nennen Sie die verantwortlichen Institutionen und wichtigsten Gesetzesgrundlagen.

5 Beschreiben Sie in Arbeitsblatt 36.5 die Aufgaben des Bundeskartellamtes im Rahmen der staatlichen Wettbewerbspolitik.

Arbeitsblatt 36.1 | Aufgaben und Funktionen des Wettbewerbs

Aufgaben des Wettbewerbs

Gesellschaftliche:

Ökonomische:

Funktionen des Wettbewerbs

Verteilungsfunktion:

Arbeitsblatt 36.2 | Formen von Unternehmenszusammenschlüssen

Kooperation	Konzentration
Erläuterung:	Erläuterung:
	Konzern:

Arbeitsblatt 36.3 | Unternehmenszusammenschlüsse – pro und kontra

Unternehmenszusammenschlüsse

Vorteile	Nachteile

Arbeitsblatt 36.4 | Wettbewerb und Wettbewerbspolitik

Wettbewerb ist der Motor der Marktwirtschaft

Wettbewerb wird geschützt durch

Wettbewerbspolitik.

Ziele der Wettbewerbspolitik

Funktionsfähiger Wettbewerb

Erläuterung:

Fairer Wettbewerb

Erläuterung:

Institutionen

1.

2.

Gesetze

1.

2.

Arbeitsblatt 36.5 | Aufgaben des Bundeskartellamtes

Aufgabe:

Beschreibung:

Aufgabe:

Beschreibung:

Aufgaben des Bundeskartellamtes

Rechtsgrundlage:

Aufgabe:

Beschreibung:

Aufgabe: Überprüfung der Vergabe öffentlicher Aufträge

Beschreibung:

Aufgaben

Aufgabe 1
Begründen Sie anhand der Vorteile für einzelne private Haushalte und für die gesamte Volkswirtschaft, warum in einer Marktwirtschaft der Wettbewerb zwischen den Unternehmen gewollt ist.

Aufgabe 2
Erläutern Sie die beiden Möglichkeiten zur Durchführung einer Fusion.

Aufgabe 3
Sammeln Sie in der folgenden Tabelle stichpunktartig Vor- und Nachteile von Unternehmenszusammenschlüssen für die genannten Teilnehmer am Wirtschaftsgeschehen.

	für Unternehmen	für Konsumenten	für Arbeitnehmer
Vorteile			
Nachteile			

Aufgabe 4
Recherchieren Sie unter www.bundeskartellamt.de und stellen Sie Ihren Mitschülern einen interessanten Fall zum Verstoß gegen das Kartellrecht vor.

Aufgabe 5
Eine wesentliche Aufgabe des Bundeskartellamtes besteht in der Durchsetzung von Kartellverboten, da Kartelle gemäß § 1 Gesetz gegen Wettbewerbsbeschränkungen (GWB) grundsätzlich verboten sind.

a Erläutern Sie, was ein Kartell ist, und unterscheiden Sie horizontale und vertikale Vereinbarungen.
b Beschreiben Sie, welche Kartelle Ausnahmen von §1 GWB darstellen und deswegen erlaubt sind.

TAF 11.4 Selbsteinschätzungsbogen

Ich kann ...	Kann ich	Kann ich nicht
Aufgaben der Volkswirtschaftslehre und Notwendigkeit des Wirtschaftens		
1. ... Betriebswirtschaftslehre und Volkswirtschaftslehre unterscheiden.		
2. ... die Aufgabenbereiche der Volkswirtschaftslehre beschreiben.		
3. ... die Begriffe „Bedürfnis", „Bedarf" und „Nachfrage" unterscheiden sowie deren Zusammenhang beschreiben.		
4. ... die Bedürfnisebenen der Bedürfnispyramide nach Abraham Maslow beschreiben und die pyramidenartige Darstellung begründen.		
5. ... die verschiedenen Güterarten unterscheiden.		
6. ... die volkswirtschaftlichen Produktionsfaktoren nennen und beschreiben.		
7. ... innerbetriebliche, zwischenbetriebliche und internationale Arbeitsteilung unterscheiden und beschreiben.		
8. ... begründen, warum Menschen „wirtschaften".		
Beziehungen der Marktteilnehmer		
1. ... die Güter- und Geldströme zwischen den Wirtschaftsteilnehmern im einfachen Wirtschaftskreislauf darstellen und zuordnen.		
2. ... die Wirtschaftssektoren des erweiterten Wirtschaftskreislaufs nennen sowie die Geldströme darstellen und zuordnen.		
Prinzipien wirtschaftlichen Handelns		
1. ... das ökonomische Prinzip als Mittel zur Nutzenmaximierung darstellen.		
2. ... Minimal- und Maximalprinzip als Ausprägungen des ökonomischen Prinzips charakterisieren und Unterschiede gegenüberstellen.		
3. ... erläutern, was man unter dem Homo oeconomicus versteht.		
4. ... die zentralen Ziele der Wirtschaftssektoren „Private Haushalte" und „Unternehmen" nennen.		
Einflussfaktoren auf das Konsumverhalten		
1. ... erklären, was der Grenznutzen ist.		
2. ... beschreiben, wie sich der Grenznutzen bei zunehmendem Konsum eines Gutes verändert.		
3. ... irrationales Konsumverhalten anhand von psychologischen und soziokulturellen Erklärungsansätzen begründen.		
Nachhaltiges Wirtschaften		
1. ... ökologische Folgen wirtschaftlichen Handelns erläutern und bewerten.		
2. ... erläutern, was man unter einer nachhaltigen Entwicklung versteht.		
3. ... aus Sicht von Unternehmen und privaten Haushalten Maßnahmen zu einem nachhaltigen und verantwortungsbewussten Handeln gestalten.		
Wirtschaftsordnung		
1. ... erläutern, was eine Wirtschaftsordnung ist.		
2. ... anhand verschiedener Kriterien die freie Marktwirtschaft und die soziale Marktwirtschaft vergleichen und voneinander unterscheiden.		
3. ... die Grundprinzipien der sozialen Marktwirtschaft nennen und erläutern.		
4. ... typische Funktionsprobleme der sozialen Marktwirtschaft erläutern.		